群星
GREAT
TALENTS

罗澍伟 主编

阅读天津
HOW TO READ TIANJIN

周叔弢

于霄丹 著

天津出版传媒集团
天津人民出版社

图书在版编目（CIP）数据

周叔弢：实业兴家国 / 于霁丹著 . -- 天津：天津
人民出版社 , 2024.1
（阅读天津 / 罗澍伟主编 . 群星）
ISBN 978-7-201-19976-4

Ⅰ . ①周… Ⅱ . ①于… Ⅲ . ①周叔弢（1891–1984）
– 传记 Ⅳ . ① K825.38

中国国家版本馆 CIP 数据核字 (2023) 第 238337 号

周叔弢：实业兴家国
ZHOU SHUTAO: SHIYE XING JIAGUO

出　　版　天津人民出版社
出 版 人　刘锦泉
地　　址　天津市和平区西康路 35 号
邮购电话　（022）23332469

策　　划　纪秀荣　赵子源
责任编辑　康悦怡
装帧设计　世纪坐标　明轩文化
美术编辑　丁莘苡　汤　磊

印　　刷　天津海顺印业包装有限公司
经　　销　新华书店
开　　本　787 毫米 ×1092 毫米　1/32
印　　张　5.75
字　　数　56 千字
版次印次　2024 年 1 月第 1 版　2024 年 1 月第 1 次印刷
定　　价　45.00 元

主编的话

罗澍伟

　　天津，群星璀璨，人才辈出，他们用炽热的生命，书写了这座城市的骄傲与自豪。

　　天津是中国北方最早和最大的沿海开放城市，惟其"早"，在中西文明的碰撞中，引领了潮流和时尚；惟其"大"，海河五大支流在此汇聚入海，滋养了这片培育精英的沃土。百余年来，这里涌现了一批打破时空维度，精神属于中国、才华属于世界的大师级人物。

　　"阅读天津"系列口袋书第二辑"群星"，恰似一幅近代天津历史与文化的人物画卷，读者可以从哲学、译学、新闻、实业、科学、文学、艺术等不同视角，品读这座城市，其中包括：

被赞为"中国西学第一者"的维新思想家严复，被誉为"世界第一之博学家"、著述等身的梁启超，"为酬素志育英才"的教育家张伯苓，"二十文章惊海内"的弘一法师李叔同，"化私为公"的实业家、藏书家周叔弢，"学识以强国、仁爱以育后"的化学家杨石先，一代话剧宗师、中国话剧奠基人曹禺，为数学研究鞠躬尽瘁的"整体微分几何之父"陈省身，"荷花淀派"创始人、"有风格的作家"孙犁，"江湖笑面写传奇"的相声表演艺术家马三立。

纵观他们的一生，有家国的高度，有民族的厚度，有地域的广度。他们把巅峰岁月中的生命磨砺之美，无保留地献给了天津。他们为实现中华民族伟大复兴做出奉献，用担当诠释大义。他们活出了自己的精彩，而且能够跨越时代，触动今人的心灵。他们的精神，穿透城市的晨雾与暮霭，有了他们，这座城市才有了完整的生命。

如今，时过境迁，斯人已去，但他们从未隐入历史的烟尘。他们在天津亲历了近现代中国的历史进程，奏响了人生的跌宕音符与精彩华章。他们的生命，早已融入天津的血脉，成为这座历史文化名城百年成长的标志与象征。

　　他们的人生，也留下了许多值得回味、令人深思的启迪：对一个人来说，重要的不是生命的长度，而是留在他人心目中的高度。

　　每个人都有灵性，每个人的生命之旅都是一个不断发现的过程，也是不断觉醒的过程。每个人的身上都蕴藏着改变的力量，才华只是激情与灵感的乍现。大凡找到人生意义的，都是英雄。最好的人生态度，就是发自心灵深处、对社会与生命的感悟；在追索人生深度的同时，找到属于自己的位置——既收获了奋斗的历程，又体验了人生的意义。

　　天津过往有无数"风流人物"，要使珍藏在时光里的历史切片一一再现，几乎是不可能的。"便将万管玲珑笔，难写瞿塘两岸山。"

　　在新的历史起点上，让我们奋力追赶历史上的"群星"吧！用海阔天空的想象力、迎难而上的践行力，拥抱更高更远的未来，为实现中华民族伟大复兴不懈奋斗！

（主编系著名历史文化学者、天津市社会科学院研究员、天津市文史研究馆馆员）

3

HOW TO READ TIANJIN

GREAT TALENTS

沧桑世浮沉

　　所谓"富不过三代"是由孟子"君子之泽，五世而斩"演变而来的一个俗世道理，完整的说法是"道德传家，十代以上，耕读传家次之，诗书传家又次之，富贵传家，不过三代"。何为绵延传家之本，不言自明。

　　虽未经科举取士，也并无新式教育的文凭，周叔弢却应算作典型的中国传统知识分子。从他这一代，英才辈出的建德周氏家族实现了"由仕而商，由商转学"的过渡。

　　沧桑世浮沉，回首百年身。周叔弢九十三年的人生，究竟经历过怎样动荡兴衰的风雨曲折呢？

　　除了藏书、捐书之外，周叔弢一生低调，也未留下如祖父周馥和叔父周学熙那样的自叙年谱，而他的日记也由于时局动荡绝大部分未能留存。实际上周叔弢少年丧父，还得了一场几乎丧命的大病；青年时遭遇新婚丧妻的伤痛，事业初成又遇旧病复发，旋即国难当头，不得不"深居简出，洁身自爱",埋首自庄严堪;终于等到抗战胜利,却在国民政府统治下面临更艰难的营商环境;直到新中国成立以后,"四海澄清,宇内无事"的时代来到了。

自20世纪40年代至80年代,周叔弢捐献藏书共计约六千种四万册,既丰富了国家藏书,又得以全其爱国之志。他以数十年经验为善本收藏制定的标准,也为后世提供了重要的指导。晚年他曾说:"回想自己在七十多年的藏书生涯中,常为搜求到一本好书而感到其乐无穷,如今,我为这些书籍来自于人民,又归之于人民,得到了最好的归属、最好的主人,无限欢快,非昔日之情可比拟。"之所以能够如此坐忘而自得,正因书香人淡自庄严。

周叔弢以"人能笃实,自有辉光"教导子女,周家后辈也在这种脚踏实地精神的影响下,勉力自强、笃实进取,取得并创造了一系列成就。

本书付梓在即,感谢所有人的努力与付出,让我们再次缅怀周叔弢先生。

于霁丹
2023年9月

周叔弢旧藏南宋《盥手观花图》（局部）（现藏于天津博物馆）

目录
CONTENTS

01

大隐隐于市

少年匹马逐跳丸，白首蜗眠一室宽。

——周馥

中国大运河，绵延两千七百多千米，穿越十多个世纪，跨越十多个纬度，是中国南北交通的大动脉，承载了无数家国、民生的故事。这些故事点点滴滴如水珠一般，汇聚成为一条连缀中华文明的大运河，从古至今，川流不息。无数的漕运官船、商船日夜穿梭于运河之上，货物流通、客商往返、人烟汇聚，于是运河沿线无数市镇应运而生。不少学者把这称作是一场由运河辐射力引发的"城市革命"。其中，"富庶甲天下"的扬州和"南北交融、中西合璧"的天津，都是大运河创造出来的梦想之城。而周氏家族从扬州到天津的迁移历程，是这浩瀚大运河中的一滴水，随着运河奔流向前……

扬州城里好繁华！今天，走在扬州古运河边修复后长达千米的东关街上，依然能够瞥见旧日商家林立、行当俱全、生意兴隆的影子。运河城市商业的发达促进了其文化的繁荣。粮漕和食盐的运输让一些有实力的商人坐拥巨大财富，物质的急剧积累促使他们转而追求精神上的富足。

扬州丁家湾胡同

一幽一旷小盘谷

距离东关街不到两千米的扬州丁家湾大树巷内，藏着一座小盘谷。已故著名园林艺术学家陈从周先生在其著述中将这座园子描述为"扬州古深巷之中一处娟秀山林"。这里原来是清代两广总督周馥的住所，也是周馥的孙子周叔弢"儿时游嬉之地"。

自古以来，中国人对于园林就有一种情结，这不仅源于对自然山水的留恋，更有着对超凡脱俗的向往。园林，成为满足中国人审美意趣和退归之心的"终南山"。"大隐隐于市，小隐隐于野。"

周馥"协助李鸿章办理洋务达三十多年，凡筹建北洋海

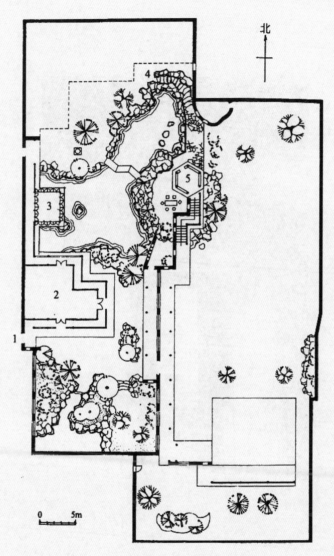

北

小盘谷平面图　1.园门　2.花厅　3.水榭　4.水流云庄　5.风亭

0　　5m

小盘谷大门

军、开办海军学校、设立天津机器局、电报局、开平煤矿、唐胥铁路等，无不参与"①，由此成为清廷倚重的权臣，那么其何来隐遁之心？

"小盘谷"之名暗合唐代文学家韩愈的名篇《送李愿归盘谷序》："太行之阳有盘谷。盘谷之间，泉甘而土肥，草木丛茂，居民鲜少。或曰：'谓其环两山之间，故曰盘。'或曰：'是谷也，宅幽而势阻，隐者之所盘旋。'"

因友人没有得到朝廷的重用，韩愈在送其回盘谷隐居之时写下这篇文章。不过这只是韩愈"吐槽"的表面原因，他歌颂隐者的高尚志趣，表达对隐居生活的向往，实际上也是抒发胸中块垒。而周氏家族当时的家主周馥，虽得小盘谷时已功成名就，但时局动荡，中国之命运、中国知识分子之命运，正处于十字路口。

周馥曾写下一首名为《蜗室》的诗："少年匹马逐跳丸，白首蜗眠一室宽。"在为家国辛劳多年之后，他只想把小盘谷当成一个颐养天年的隐居之所。

如果您恰好游览过扬州园林就会发现，与扬州如今依然十分有名的何园、个园相比，小盘谷简直是"小巫见大巫"。正是由于主人的低调，园子才显得如此内敛。园子

---

① 《中国近代历史辞典》编写组：《中国近代历史辞典（1840—1949）》，江西人民出版社，1986 年，第 628 页。

里的多处门洞，也取了如"花溆""云巢""水流云在"等饱含归隐之意的名字。别的不说，光是这条通往小盘谷的巷子就已给人足够的古意。狭窄得勉强够两个人并排而行的巷子两旁，青砖碧瓦、飞檐翘角，让人想起才子佳人小说中常说的"庭院深深"。需要步行十来分钟，才能找到藏在巷子深处的小盘谷。

走在小盘谷外的青石砖上，流连在那"坐茂树以终日，濯清泉以自洁"的院落里，心静下来，仿佛能看到少年周叔弢从离家不远的辕门桥三家书肆买书回来，就书中内容与祖父周馥展开对人生的探讨：

"祖父大人，君子亦有求胜之道乎？"

"有。天地至诚无妄。不贰即诚，诚自不息。"

有祖父陪伴的少年时期，也许是周叔弢作为中国传统知识分子所拥有的家国情怀的起点。

"庭院深深"的小盘谷

氣質又本風火水土四行而成人之所禀於四行者

均則氣性和平而其禀性之浮僭以全顯矣所以

於四行者不均則氣性不能和平而其本性之顯

也亦不全矣　聖人以繼性為性者也繼性去渾

同於真宰之本此惟渾同故能實踐之也

回教天方性理

綜觀各教要旨其存誠去偽敬天愛人皆同而道

諸若别若論使己治人一貫之道則惟我儒將攬焉

全茍為仁義不熟則五穀不如荑稗矣

遲孫乞書此幅擇錄各教要語與之俾作座

右之銘　八十二叟周馥

周馥手迹

佛言汝等沙丘若欲脫去若惱當觀知足、

之法即是富樂安隱之處知足之人雖卧

地上猶為安樂不知足者雖處天堂亦不

不稱意　佛遺教經

有物混成先天地生寂兮寥兮獨立不

改周行而不殆可以為天下母吾不知其名字

之曰道強名之曰大　老子道德經

知其雄守其雌為天下谿為天下谿常德不離

復故歸於嬰兒知其白守其黑為天下式為天下式

常德不忒復歸於無極知其榮守其辱為天下

谷為天下谷常德乃足復歸於樸　老子道德經

周馥

周馥（1837—1921），原名宗培，字玉山，号兰溪，安徽至德（今安徽东至）人。其八岁进私塾，十三岁学咏诗作文，十六岁时就以一笔好字为乡里所称道。

周馥早年曾在安庆市摆测字摊，做些算命的营生，又因兼为人代写书信、呈文、对联等，机缘之下为李鸿章赏识，招为幕宾。《安庆文史资料》中记载道：

> 玉山老人在八卦门正街摆测字摊，兼为人代写书信、呈文、对联等。后又迁马王坡涌兴德杂货店门口。李鸿章亦居马王坡。老人有老表在李府伙房挑水，因而认识伙房采买。其人识字不多，就近乞老人代记。

李偶阅账簿，见字迹端正清秀，大加赞赏。延为幕宾，办理文牍。[1]

而周馥的自订年谱则讳言其事，只在1861年记载："十月，余至安庆。十一月，入李相国营。相国初不识余，因见余文字。招往办文案。"无论详细过程如何，周馥都是因写得一笔好字而被李鸿章赏识。可见，字写得漂亮也能给人创造好机会！

此后，周馥跟随李鸿章前往苏州、天津等地，成为李鸿章办理洋务的得力助手。

甲午战败，《马关条约》签订后，李鸿章被免去直隶总督兼北洋大臣之职。作为李鸿章幕僚的周馥也以"咳病加剧"自请开缺。他乘船南归，暂寓扬州，"布衣野服，日与里老话桑麻，不复谈国事"。在此期间，周馥先至扬州，又居淮安，做吴越、江淮之游。还乡的第三年，也就是1897年，因夫人吴氏需独居静养，周馥决定移居扬州小盘谷，与长子一家共同生活。

也正是在这座掇山叠石、苍岩探水、曲径通幽、花木扶疏的园林中，周叔弢度过了自己的少年时光。小盘谷的一草

---

① 　陈钧成：《周馥轶事》，《安庆文史资料》第十五辑，政协安庆市文史资料研究委员会编，1986年，第190页。

一木，对他来说，都有太多的回忆。

1891 年 7 月 18 日，周叔弢在扬州出生，那时候周馥还没有买下小盘谷，只是在扬州租房居住。那一年，周叔弢的父亲周学海三十五岁。

作为周馥的长子，周学海自幼刻苦好学，才华出众。1885 年，周学海考中秀才，三年后乡试中举，1892 年经殿试，赐进士出身。先后任内阁中书、浙江候补知府、河务水利同知等，诰授通议大夫三品衔。

周叔弢长子周一良在《钻石婚杂忆》中记载，在 1906 年《大清缙绅全书》中，当时身为山东巡抚的周馥籍贯下注有"附生"，两江总督下注"附贡"。附生指初入府州县学的生员，附贡则指附生通过报捐方式取得贡生资格。李鸿章曾在苏州举行过一次乡试，但周馥并未考中。直到他年纪很大做了总督后，还有人作诗奚落他道："昔日一科房，今朝督部堂。亲家袁世凯，恩主李鸿章。"这显然是讽刺周馥是通过袁世凯和李鸿章的裙带关系才能做上大官的。周馥当然也意识

周学海

青年周叔弢

到了这一点，他曾在《生日放歌》诗中道："我生不意布衣滥忝至旌旄。"他的六个儿子中，四个中举，其中，两个进士，一个翰林，还有一个经济特科，如此重视子女的教育，恐怕与其自身遭际不无关系。

周学海为官之余，专注岐黄之术，著有《读医随笔》《脉学四种》等，对官场似乎兴趣不大。同时周馥了解自己的儿子，也"念家事艰难，生齿日繁，嘱学海回扬州经理生业，不愿其远仕，亦不愿其宦京曹"。从此周学海一支在扬州定居，并在扬、泰一带设泰合成盐号，领盐运使官衔，包运海盐及门市批售。

心地坦然，无愧于中

周学海有五子七女，周叔弢排行第三，原名明遑，后改名暹，以字叔弢行世。他自幼体弱多病，五岁入家塾读书。周馥与时俱进，给自家的家塾聘请了教师专门教授英文。周叔弢是在祖父和父亲的教育、熏陶下，潜心笃志，好学不倦。

1906年前后，周叔弢的父亲周学海和祖母吴氏相继去世，1909年，母亲徐太夫人也因病去世了。"别后悠悠君莫问，无限事，不言中。"自那时起，扬州小盘谷老宅树长成枝，家族成员各奔东西，周叔弢也不愿继续留在扬州经营盐业生意。1911年辛亥革命后，中国改变了旧模样，此时的周叔弢憧憬未来，带着父亲故去后所分到的遗产，离开生活了二十年的扬州。他追随祖父周馥，先迁至上海、青岛，1914年又迁至天津，在四叔周学熙的带领下走上了创办实业的道路，逐渐成为周氏家族自周馥、周学熙后的第三代家族核

周叔弢兄弟姐妹十人合影，于扬州小盘谷，前排左二为周叔弢

周叔弢家族合影，中间老人为周馥，后排左一为周叔弢

中国人民政治协商会议上的周叔弢

心。他历任唐山华新纱厂经理，天津华新纱厂经理，启新洋灰公司董事、协理、总经理、董事长，滦州矿务公司董事，耀华玻璃公司董事，江南水泥厂董事，成为中国北方民族工商界的代表人物。

解放战争时期，周叔弢积极与中国共产党合作，为迎接天津解放做了很多工作。1949年中华人民共和国成立，周叔弢盼望的"四海澄清，宇内无事"的时代来到了，于是他将平生所珍爱的几十万件古籍、书画等文物陆续捐赠国家。

1949年9月，周叔弢作为华北解放区代表，出席中国人民政治协商会议第一届全体会议，参与讨论中国人民政治协商会议的组织法，参与制定《中华人民共和国中央人民政府组织法》与《中国人民政治协商会议共同纲领》等。在这次历史性的会议上，他和天津另一位爱国实业家李烛尘一起被选为全国政协常委。

1950年初，时任中共天津市委书记的黄敬来到周叔弢家中，同他商谈，请他出任天津市副市长。这位在旧社会"不屑与政界往来"、洁身自好的爱国实业家欣然应允。在同年1月召开的天津市第二届各界人民代表会议上，周叔弢当选为天津市第一任党外副市长。其后，他历任天津市工商业联合会主任委员、中华全国工商业联合会副主任委员、政协全国委员会副主席等。抗美援朝期间，在爱国捐献的热潮中，周叔弢带领民族企业家捐献了三架飞机和十一门高射炮，他的爱国行动在全国工商界影响深远。

1979年1月17日，时任全国政协主席的邓小平邀请原工商业知名人士胡子昂、胡厥文、荣毅仁、古耕虞、周叔弢，在人民大会堂福建厅座谈，中午还邀请他们一起吃火锅，这就是著名的"五老火锅宴"。饭桌上，邓小平提出要吸引外资，希望原工商业者站出来办企业。这次谈话使时年八十八岁的周叔弢再次燃起报国雄心，欣然同意担任此后筹备成立的中国国际信托投资公司副董事长及天津国际信托投资公司董事长。

"五老火锅宴"后，周叔弢任天津国际信托投资公司董事长，前排左十五为周叔弢

"诸葛一生唯谨慎，吕端大事不糊涂。"九十三岁的周叔弢于1984年2月14日在天津与世长辞。他生前曾亲手写下遗嘱："我平生无他长，只是不说假话，临终之时定能心地坦然，无愧于中。"

　　从扬州小盘谷走出，最终落脚于曾被诗人描绘为"二分明月小扬州"的天津，这似乎也是命运安排给周叔弢的一种"巧合"。而在扬州购买的一函六册《康熙字典》也被他带到了天津，伴随着他此后人生的起起伏伏，守护着他心中的那座"终南山"。

02

名不见经传

尉君自以《孟子》翻德文，每日来弟寓，由弟讲授一小时，归而笔译。又以德国哲学家康德所著之书译中文，由尉君与周玉翁之孙叔弢同译，而弟为之修饬而润色之。

——劳乃宣

康德

　　1902 年，梁启超在《近世第一大哲康德之学说》中，向中国读者引介这位德国哲学家，这也是康德第一次在中国"亮相"。梁启超对其评价极高："以康德比诸东方古哲，则其言空理也似释迦，其言实行也似孔子，以空理贯诸实行也似王阳明。"[①] 并称其为"世界之人""百世之人"。然而康德在中国第一次正式"出场"是在 1914 年——一本叫作《人心能力论》的书由商务印书馆出版。这是康德第一篇被译为中文的作品，也是中国读者第一次了解他的生活。而促成这一次"出场"的"幕后工作人员"中，就有周叔弢的名字。

----

① 　梁启超:《近世第一大哲康德之学说》,《新民丛报》,1903 年第 25 号。

幕后三"英雄"

严格说来，《人心能力论》并不是一部专著，而是康德致医生胡弗兰德的一封长信，主张心灵具有控制病体感觉的能力，这封信后来被康德编入《学科之争》。《人心能力论》的译文中有相当多的注释，与严复翻译《天演论》等著作时常加以大量的注释和按语相似。例如在书中谈到定时定点规律作息有益于养生时，翻译者特意加注：

> 康德无分冬夏，每日五点钟起。自五点至八点，预备大学之讲义；八点至十点，往大学授课；十点至一点，归家治事；一点后午膳，座客常满，谈笑为乐，不喜论湛深之理。辄至三四点，饭毕则或读书或默想，至七点出外散步。其时之定准，人至有以康德之出为钟之率者。归后读书，多取新籍，十点乃就寝，康德定七小时为眠睡最足之时也。康德体素弱，因起居有时，享寿八十。最后数年，稍形衰老，生平无他病也。①

---

① ［德］康德：《人心能力论》，［德］卫礼贤、周叔弢译，商务印书馆，1914年。

这个描写康德生活规律的故事，如今被很多研究其哲学思想的人所熟知。而一百多年前，青年周叔弢便帮助卫礼贤将其翻译出来，绘声绘色地介绍给中国的读者。其中，除文言之用词，还出现了专论"克己复礼"的段落，将康德的生活规律同儒家思想与养生之道相结合，这应源自周叔弢多年的经学修养。正是这样精妙的翻译，让本书的第一位读者、李鸿章的外甥、醉心于修道的张士珩奉为"奇书"，并为之作序。序云：

> 余维汉儒董仲舒之言曰：养生之大者，乃在爱气。气从神而成，神从意而出。心之所之谓意，意劳者神扰，神扰者气少，气少者难久矣。故君子闲欲止恶以平意，平意以静神，静神以养气。气多而治，则养身之大者得矣。①

张士珩如实记录了自己的读书心得，他认为康德强调的人心意志力可以克服病痛之论，正合乎他多年修身养性的领悟。眼前的这本译著，俨然是一本来自西方的儒家养生学原理！

---

① ［德］康德：《人心能力论》，序言。

张士珩

劳乃宣

卫礼贤

张士珩在序言中，明确提到了三个人："德人尉牧师礼贤，取是论重译之；建德周叔弢笔述之；桐乡劳玉初先生审定之，而属序于余。"一位德国牧师，一位中国青年，一位清朝遗老，是何种机缘之下凑在一起的呢？

劳乃宣（1843—1921），字季瑄，号玉初，是清末修律、礼法之争中礼派的代表人物，亦是中国近代音韵学家，主张普及等韵字母之学，推行汉语简字拼音，并长期从事古代书学研究，可谓是清末大儒。

卫礼贤（Richard Wilhelm，1873—1930），原名理查德·威廉，来中国后取名卫希圣，字礼贤，亦作尉礼贤，自称中国山东人，被誉为"发现中国内在世界的马可·波罗"，也被称为"伟大的德意志中国人"。

卫礼贤幼时便入神学校读书，爱好音乐与艺术，读斯宾诺莎的哲学，看莎士比亚的戏剧，听贝多芬的音乐，还是歌德的粉丝。"视我所窥，永是东方。"也许正是歌德《中德四季晨昏杂咏》中的这两句诗，引导他走向东方，走向中国……

1899 年 5 月 12 日，当卫礼贤乘坐老式轮船到达青岛时，他没有料到自己将会在中国停留超过二十五年——他一生几乎一半的时光。他是德国派驻青岛的传教士，但是相对于教会的任务，他更被中国文化深深吸引。他学说汉语，学习中国的文化典籍，又兴办学校、医院，像一块海绵一样，在中国的大地上汲取文化的滋养，并将其介绍给德国，乃至整个西方。如卫礼贤自己所说："我有幸在中国度过了生命中二十五年光阴。像每一个在这块土地上生活了许久的人一样，我学会了爱这个国家，爱它的人民。"①

劳乃宣与卫礼贤命运的际会得益于此时寓居青岛的周馥。

辛亥革命后，周馥偕家人四十余口自上海北上，又一次来到了青岛，并打算在青岛定居，这里也是革命之后清朝遗老避乱世兵火的地方。在今天青岛湖南路、蒙阴路路口处的大宅门里，周馥当起了寓公。

---

① ［德］卫礼贤:《中国心灵》，王宇洁等译，国际文化出版公司，1998 年。

1904 年 10 月，周馥在青岛跑马场观礼德军阅兵仪式

为什么说是"又"呢？因为在这次计划定居青岛之前，周馥已经多次到过青岛。

1902 年，周馥由四川布政使擢升山东巡抚，当时，德国已占领胶州湾五年之久，多年参与处理洋务的周馥对国家主权沦丧至此自然是悲愤交加，他通过各种努力抵制德国的经济渗透。甫一到任，他便前往青岛，与时任胶澳总督的特鲁泊（Oskar von Truppel，1854—1931）举行了数次正式或非正式的会谈，阐明了维护中国居民尊严和华商利益的立场。很快，特鲁泊也到济南府做了回访。

左三为周馥，左四为德方翻译魏理慈

周馥旧照（德国联邦档案馆弗赖堡军事档案馆藏，孟繁之供图）

周馥受邀登上德国巡洋舰（德国联邦档案馆弗赖堡军事档案馆藏，孟繁之供图）

也正是这一次的青岛之行，周馥结识了卫礼贤——张士珩在《人心能力论》序中提到的第一人。后来，卫礼贤这样形容周馥道："他那真诚坦率和健康的幽默感，立刻扫去了人们心中的疑云。"应卫礼贤之邀，周馥还参观了刚刚开学两年的青岛礼贤书院①。

礼贤书院除卫礼贤亲自教授德文外，还聘请了进士、贡生来为中国学生授课。课程除保留中国传统的国学教育外，还包括现代中学的必修课：数学、物理、化学和生物。通过考察，周馥对新式教育给予了认可，并允许礼贤书院学生参加山东大学堂"优贡"选拔考试。随后，礼贤书院一跃成为炙手可热的著名学校。

周馥与卫礼贤也就此结下深厚的友谊。卫礼贤在《中国心灵》一书中写道："一直和我保持友好关系的前巡抚周馥给我提了一个建议。他说：'你们欧洲人只了解中国文化的浅层和表面，没有一个人明白它的真正含义和真实深刻之处。原因在于你们从未接触过真正的中国学者……如果我给你引见一位老师，他的思想真正根植于中国精神之中，他会引导你探讨中国精神的深刻之处。你觉得怎么

---

① 该校于1901年在大鲍岛东山（今青岛上海路）兴建校舍，1912年卫礼贤以自己的名字将学校命名为礼贤书院，这也是近代青岛的第一所新式学校。

样？你就能翻译各种各样的东西，自己也写一写，中国也就不会总在世界面前蒙羞了。'"① 卫礼贤便委托周馥邀请劳乃宣来青岛，他就是张士珩在《人心能力论》序中提到的第三人。

1913 年，曾任京师大学堂最后一任校长的劳乃宣被卫礼贤聘请为礼贤学院监督，并主持尊孔文社相关事宜，同时从事中德典籍翻译等文化工作。

卫礼贤与劳乃宣一见如故，他拜劳乃宣为师，"以弟子自居，执礼甚恭"。劳乃宣也倾心向卫礼贤讲授中国典籍，"日于山光海色之间与尉君商量旧学播越"，让他真正在"理解确切而透彻"的基础上翻译中国传统经典。卫礼贤与劳乃宣合作翻译的德文版《易经》，至今已再版数十次，成为西方公认的权威版本，并相继被转译成英文、法文、西班牙文、荷兰文、意大利文等多国文字，传遍整个西方世界。

那么，周叔弢又是因何加入其中的呢？

辛亥革命后，周馥举家寓居青岛，一直追随祖父的周叔弢也来到这里，与当时随父萧应椿避居青岛的萧琬成婚。

萧应椿（1856—1922），原籍昆明，曾任山东大学堂总监、山东农工商务局总办，主管全省工商实业。辛亥革命后，作为清朝的遗臣，他不仕民国，也短期居住青岛。

---

① ［德］卫礼贤：《中国心灵》，第 144 页。

萧琬

　　萧应椿之女萧琬贤淑温柔，接受过良好的教育，写得一手娟秀的小楷，还学习过英文，这样的名门闺秀与二十一岁的周叔弢举案齐眉、恩爱有加。但不幸的是，1913年1月20日，在他们的儿子周一良出生后的第二天，萧琬便去世了。

　　周一良在自传中记录了其对生母为数不多的印象："我曾见到母亲结婚前学习英文的练习本，中文小楷和英文字体都很秀丽端正。我出生后母亲即患急病逝世。外祖父写了一副挽联——'三千里外为尔归来，到底有汤难续命；十四年前触吾旧痛，者番垂老更伤心。'"[1]

---

[1]　周一良：《周一良：毕竟是书生》，天津人民出版社，2016年，第8页。

半岁时的周一良，身着洋装，在卫礼贤家中

变化才是不变的永恒，灾难总是有如晴天霹雳一般落在人世间，此时的周叔弢，成了父母、妻子皆丧的伤心人不说，还有一个嗷嗷待哺的孩子。面对人生际遇的种种不幸，生活本身的种种窘迫，此时的他又该何去何从呢？

周馥见周叔弢如此消沉，便推荐其入礼贤书院，跟随卫礼贤学习德语，不承想两人竟成为莫逆之交。卫礼贤夫妇常帮忙照顾周叔弢年幼的孩子。周一良曾记录道："当时父亲年轻，悲痛之余，不知所措。他的朋友德国尉礼贤牧师夫妇见义勇为，把无人照看、嗷嗷待哺的新生幼婴抱回自己家，由尉夫人用牛奶喂养了一年，再送回来。"①

---

① 周一良：《周一良：毕竟是书生》，第8页。

周一良　孤独寂寞一小孩儿（周叔弢摄）

人心究竟有何能力

时年二十二岁的周叔弢，与卫礼贤合作翻译了康德的作品《论心灵通过单纯的决定克服其病感的能力》，并将书名译为《人心能力论》。对此，劳乃宣在给知名学者罗振玉的信函中写道："尉君自以《孟子》翻德文，每日来弟寓，由弟讲授一小时，归而笔译。又以德国哲学家康德所著之书译中文，由尉君与周玉翁之孙叔弢同译，而弟为之修饬而润色之。" [①] 该书的翻译，正是中国翻译康德作品的开端。该书后由商务印书馆编入"哲学丛书"，于1914年出版，到1916年已印行三版。

周叔弢参与翻译《人心能力论》，与其自幼体弱多病不无关系。周叔弢幼时患有肺病，在那个年代肺病属于难以治愈的凶疾，本就爱读书的周叔弢在养病期间静心研究经学和养生学，并奇迹般地痊愈了。大概也正

---

① 韩行方、房学惠：《劳乃宣致罗振玉书札十六通》，《文献》，1999年10月第4期。

是这样的经历让周叔弢对《人心能力论》深有感悟。

如今，中国国家图书馆藏有一本《人心能力论》的复印本，系周叔弢幼子周景良所捐赠。复印本末尾有周叔弢次子周珏良所写的跋文，介绍了该书的翻译经过。原来，周叔弢当年本有志与卫礼贤继续合作翻译康德、黑格尔的著作，其计划先翻译《人心能力论》，再翻译一部《康德传》，然后翻译"三大批判"。但遗憾的是，完成《人心能力论》后不久，由于第一次世界大战爆发，卫礼贤被迫返回德国，而周叔弢也离开青岛，迁居天津从事实业，翻译事业从此没了下文。这个"中国翻译康德第一人"的名号也随之湮没在历史长河中。他甚至从未向子女提起他懂得德语，直到20世纪80年代初，他的堂妹、旅居德国的画家周仲铮，与先生德国人克本一起回中国探亲，闲谈间周叔弢突然与克本讲起德语，大家才知道，原来他还懂德语。

1930年3月1日，卫礼贤在德国图林根医院病逝。他的儿子卫德明（Hellmut Wilhelm，1905—1990）也是汉学家，曾在北京大学教德文，参与过父亲翻译《易经》的工作。1936年前后，卫德明在国民政府做顾问，正值周叔弢长子周一良在南京史语所工作，两人多有来往，周一良还曾拜访其母，"德国老太太看见二十多年前自己哺育过的中国婴儿

周一良 1935 年照

长大成人，异常高兴，相聚甚欢"[1]。再后来，卫德明在美国西雅图的华盛顿大学讲授中国文化、历史等，颇受爱戴，不少美国著名学者出其门下。1982 年，周一良访问西雅图，两人再次共同忆旧，卫德明说他还记得，约在七十年前他七岁那年，母亲告诉他，接来了一个中国小弟弟。这也是周叔弢与卫礼贤二人情谊的延续了。

---

[1]　周一良：《周一良：毕竟是书生》，第 200 页。

正常嗜好，不算奢侈

如果说周叔弢翻译康德作品是"名不见经传"的话，那么他的另一个爱好则更加不为人知，那就是摄影。

1900年前后，摄影技术传入中国并逐渐为国人所喜爱。周叔弢在私塾读书时受英文老师的影响，对摄影产生了兴趣，不仅买了相机，而且还在家里造了一间暗室，可以冲洗、晒印、放大照片。一切自己动手，有时有个帮手，就是比他小七岁的侄女。周叔弢往往在暗室里一搞就是半天，乐此不疲。他还订购了各种外国摄影杂志，通过学习、实践提高摄影技术。他比较偏重肖像照，拍得很有水平。甚至，他的摄影作品曾在外国摄影杂志的"业余作者作品选"栏目内登载。周叔弢在中国早期摄影史上，也应该有一席之地。

周叔弢的外甥孙浔（字师白）、孙鼎（字师匡）幼时父母双亡，母亲生前托孤，由周叔弢接至天津抚育。兄弟二人在津念完中学后始进入上海交通大学读书。二人在天津时，耳濡目染，也爱好摄影。孙氏兄弟把平时的零花钱和长辈给的压岁钱积攒起来，买了一台柯达相机。周叔弢知道后很高兴，说这是"正常嗜好，不算奢侈"，还买了很多胶卷给外甥们拍照用，还要看他们拍的照片并评奖。得奖的，周叔弢还要亲自为其照片冲洗放大，以示奖励。

幼年周珏良（周叔弢摄）

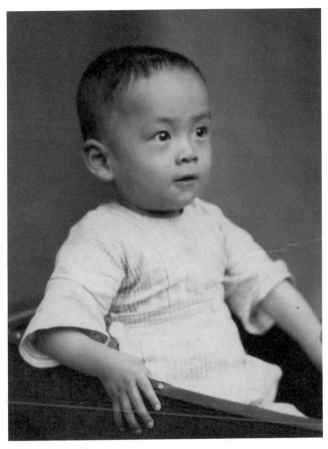

幼年周景良（周叔弢摄）

珏良少年像（周叔弢摄）

周叔弢在家中置景为孩子们摄像，由左至右分别为
周耦良、周珏良、周治良、周景良（周叔弢摄）

笑容可掬的周叔弢

孙浔回忆这段往事时说："我们得到胶卷，大得其所，拍风景、拍人像，姐姐、一良、三姨妈都是我们拍人像的模特儿。我至今还感到温暖。"

周叔弢走上实业道路后，很少摄影，更无暇自行冲洗。但他看到精彩的摄影作品时，仍是要细细端详，评论得失。晚年，周叔弢在北京开会时，某报社摄影记者为他拍了一张手扶拐杖的半身像，他很喜欢，并赞赏摄影者采光、取像的技术高超。在他逝世之后，家人把这张照片放大挂在室内，让笑容可掬的他始终陪伴着家人。

《人心能力论》出版当年，第一次世界大战爆发，本想定居青岛的周馥再次因时局变化举家迁往天津。此时的周叔弢深感国家之危难，决定追随叔父周学熙以实业救国，于是进入周学熙的工厂，开始学习工业生产及管理理论，不断积累实践经验。后来，周学熙在天津成立棉业传习所，设纺织科和植棉科，聘请中外学者授课。周叔弢也和普通工人一样，在纺织科进行了为期六个月的实习。此时，对于"北漂青年"周叔弢而言，养生之学早已云散，哲学之事也只是形而上学，打拼事业才是安身立命的关键。

周叔弢从大运河一端的扬州，经黄海之滨的青岛，来到了河海贯通的天津，结缘"华新"与"启新"，掀开了他"深藏身与名"的另一页人生。

03

深藏身与名

诸位同胞可晓得有个华新纺织有限公司么？
这个公司是官商合办的，完全是中国人的股本，
前几年在天津开了一个纱厂，今年又在青岛沧口
地方开了一个纱厂……

——《华新纱厂业务广告》

周学熙

在近代中国纺织业发展史上，曾有"上青天"之说——上海、青岛、天津三足鼎立，支撑起中国的纺织工业，而其中青岛和天津纺织工业的发展，都和周叔弢四叔周学熙的巨大努力分不开。

诸位同胞可晓得

周学熙（1866—1947），字缉之，号止庵，是周馥的第四个儿子，长期从事实业并一度掌握民国初年的财政大权。在清末民初的实业界中，有"南张北周"之称，"南张"指的是张謇，"北周"即指周学熙。不同的是，1925年张謇去世时，他的企业已濒临破产，影响日渐式微，而周学熙所创企业在周叔弢的带领下，蓬勃发展。

和父亲周馥一样，周学熙的科举之路也并不顺畅，甚至可以说更为坎坷。他六次乡试才中举，却又被人诬告舞弊，虽然经过复试洗清了冤屈，但此后会试又是屡次不中。当时，正值洋务运动兴起，"自强""求富"之声席卷大江南北。周学熙决定弃举业而改习实业。加之周馥认为"子皆成立，各有子女，应谋自立"，遂按六股均摊，分家析产，周学熙得"股票、现款约二万金"。独立之后的周学熙更感家累渐重，便转向实业救国利民之路。1897 年，周学熙进入河北开平矿务局，第二年便因精明强干被升为会办，当年再被升为总办，这是周学熙从事实业的开始。此后，周学熙在袁世凯麾下主持北洋实业长达十几年。

1912 年和 1915 年，周学熙先后出任陆徵祥内阁和徐世昌内阁财政总长兼税务处督办。清帝逊位后，留给民国的是一个烂摊子。"医疮剜肉，无米为炊。内则清还洋债，裁遣军队，以及银行币制，税法盐务，无着手整理之资；外则英使开单索债于前，俄蒙协约宣布于后，列强眈眈，群涎砧肉，事机万变，险象环生。"[1] 新政未稳的民国财政状况之混乱

---

① 周叔媜：《周止庵先生别传》，文海出版社，1966 年，第 79 页。

财政总长周学熙经办"善后大借款"

无序可想而知。周学熙受命于危难之际，力行新政，让国家财政重新走上正轨，整个直隶地区新政事业蒸蒸日上，堪称清末民初地方新政的一面旗帜。1913年，办理"善后大借款"事宜后，周学熙辞去财政总长职务。1915年，周学熙再次被袁世凯请出担任财政总长，张謇时任农商总长。"南张北周"一同入阁，在当时也算趣事一桩。

此后，周学熙以天津为基地，营建起一个庞大的北方实业集团，资本金额高达四千多万元，这在当时几乎是一个天文数字。他亲自创办的企业，除了前面提到的天津华新纱厂、唐山启新洋灰公司外，还有京师自来水有限公司、中国实业银行、大苑实业银行、兴华棉业公司、耀华玻璃公司、唐山启新机器厂、滦州矿地公司、江南水泥公司等。

在 20 世纪的头十年，周学熙的北方实业集团在很大程度上影响了中国工业产业格局的形成。此前，华北的工业基础相当薄弱，而自周学熙创办直隶工艺局开始，天津的企业比 19 世纪末增加了三十二家，共十个门类，北方实业集团更吸引了众多军阀争相在天津投资，天津逐渐与上海比肩，形成一北一南两个经济中心。而这一切，发轫于一座名为"华新"的纱厂，也正是周馥、周学熙和周叔弢三代人，把青岛和天津串联到了一起。

1915 年，第一次世界大战进入第二年，帝国主义国家自顾不暇，暂时放松了对中国的侵略，中国的民族工业得到快速发展的机会。单就纺织业来说，当时东南各省尤其是上海，原来已开办的纺织厂生意兴隆，盈利倍增。虽然此前在青岛创办纱厂遇到了瓶颈未能建成，但周学熙依然坚定地认为北方纺织业大有可为，

于是他继续开办华新纺织有限公司，并准备在天津、唐山等地设厂。

天津华新纱厂建在河北区小于庄，周叔弢来到天津时，正值天津华新纱厂筹备建厂，他开始跟随周学熙学习经营实

天津华新纱厂

业。对于青年周叔弢来说，这一切都是从零开始。而进入棉业传习所学习专业知识，为日后周叔弢在纺织业大显身手奠定了坚实的基础。

1916年1月1日，袁世凯复辟帝制，时任财政总长的周学熙表示反对并称病请辞，然袁未准，让其在北海养疴，其实便是软禁。天津华新纱厂受到时局的影响，不得不放慢筹建速度。

直到1918年，天津华新纱厂才正式开工生产。当时棉贱纱贵，尽产尽销，因此创业伊始，便已经有了盈利。仅1919年一年就获利高达一百四十万元，股东获得了丰厚的红利。纱厂蓬勃发展，人人皆知投资有利，再招新股已不困难。于是这一年，青岛华新纱厂的续建被提上日程。

转观青岛，自被日本占领后，日商先后筹建内外棉株式会社、大日本纺织株式会社、富士纺织株式会社、日清纺织株式会社等。面对日商包围，周学熙毫不畏惧，于1919年

青岛华新纱厂

再次集资复行开办青岛华新纱厂。同年，周叔弢出任青岛华新纱厂常务董事，在专务董事周学熙的领导、主持下，参与建厂及建成后的经营管理工作。

青岛华新纱厂于1919年底部分开工，1922年全面投产。工厂开工之时注册资本仅一百二十万元，纱锭一万五千枚，次年增资一百五十万元，设立第二纱厂。至1922年，青岛华新纱厂纱锭总数达到三万三千枚，工人达两千余人，产品畅销胶济铁路沿线及沿海诸省。此外，为与日资纱厂抗衡，青岛华新纱厂充分利用其民族企业的身份，在地方报刊上刊登广告：

> 诸位同胞可晓得有个华新纺织有限公司么？这个公司是官商合办的，完全是中国人的股本，前几年在天津开了一个纱厂，今年又在青岛沧口地方开了一个纱厂。用的是五子登科的商标，这个纱的颜色比人家漂亮些，分量比人家重些，条分比人家均些，尺寸比人家长些。真正是头一等的国货，现在已经分销各埠，用户都很欢迎的。总批发处设在青岛泰安路十四号，济南商埠上也有个分销处就在卫五路惠通银号内，大家何不去调查调查，买点回去试试呢？①

---

① 《华新纱厂业务广告》，1925年4月7日。《中国青年报档案》，档案号：D00429-00005，青岛市档案馆藏，转引自张弛：《近代青岛纺织工人研究（1914—1937）》，青岛大学硕士学位论文，2022年。

青岛华新纱厂车间

　　虽然并没有专门研习过企业管理方面的课程，但周叔弢从实践中得来的经验十分丰富。他办事认真，肯下功夫：进口机器到货后，熟悉洋文看得懂说明书的他亲力亲为，全程参与机器的验收、组装。因此，当全厂各车间机器安装完毕开始生产时，他对生产情况已了如指掌，对生产工人大半都已熟悉，在经营管理上也是胸有成竹。虽然还很年轻，周叔弢已经充分展现出在企业管理方面的卓越才干，因而得到了周学熙的信任，更得到华新纺织公司股东王锡彤、李希明等人的器重。

　　周学熙曾告诫子侄：要搞实业，首要的是抓权。当年华新纺织公司内部安徽系和河南系的股东斗得非常厉害，都想让自己的子嗣当负责人，周叔弢能管理纱厂，不仅因为能力出众，也在于他是各方势力都可以接受的人。周叔弢的儿子周景良回忆时也写道：让父亲去当经理，各派系的人都没有什么意见。在周景良看来，父亲很有经商能力，少言寡语却非常善于合作，各派系都对他非常认可，更重要的是，纱厂也在周叔弢的管理下不断盈利。

青岛华新纱厂逐渐步入正轨，华新纺织公司酝酿在河北唐山开设第三家工厂，在河南卫辉开设第四家工厂。企业规模越来越大，处处需要人才。周叔弢因在青岛建厂的成绩，得到了周学熙、周学辉兄弟的赞赏，王锡彤等股东也对他寄予厚望，创建卫辉纱厂的重任自然落到了这位年轻人的肩上。

1921年，周叔弢奉命离开青岛华新纱厂前往卫辉去再创新天地。青岛华新纱厂的很多工人都舍不得周叔弢离开，一直相送到工厂门口。

青岛华新纱厂商标

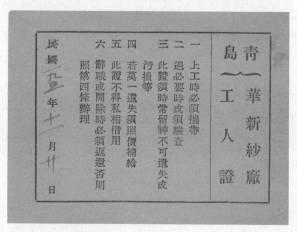

青岛华新纱厂工人证

此时的周叔弢踌躇满志，只不过，人生也好，事业也罢，又哪里能一帆风顺呢？

卫辉华新纱厂在筹建过程中，始终面临着原材料和燃料产地较远，机械维修等消耗的物料需要从天津运输等实际问题。周叔弢多次往返天津、卫辉，但难以协调所有股东的意见，部分认股股东在交股款上也犹豫不决。进行中的建厂工作困难重重，周叔弢虽然尽力而为，最终还是因为劳累过度旧病复发，不得不回到天津就医，这一病，就是三年。

1922年，周叔弢由卫辉回到天津。此时的他或许又想起了那本《人心能力论》，既然事业上无法继续大展身手，那么就重回书海，钻研书法，修身养性。据周叔弢之子周景良说："自1922年起，父亲写书法的时候，字体的风格显然有了变化，已形成了他自己独有的风格了。之后几十年，这样的字体终其一生。"这也为日后周叔弢成为古籍、字画方面的文物收藏家奠定了基础。

周叔弢后来为藏书制定的"五好"标准，莫不是得益于养病期间的领悟：一是刻版字体好，等于一个人先天体格强健；二是纸墨印刷好，等于一个人后天营养得宜；三是题识好，如同一个人富有才华；四是收藏印记好，宛如美人薄施脂粉；五是装潢好，像一个人衣冠整齐。此"五好"标准，最低亦须具备一二。至于俗书滥印等，则宁可割舍，也不予收藏。

此时的中国，正处在近代史上最为动荡的一段时期，政权更替，外强环伺。修身、齐家、治国、平天下的家国情怀，是中国知识分子跨越千年的精神血脉，这种忧国忧民的责任感，早已潜移默化为周叔弢的精神支柱。既然病好了，就暂别"终南山"吧。

1925年，因日纱倾销、纱厂林立，唐山华新纱厂经营遇到了困难。董事会希望振兴纱厂，夺取市场，计划整顿改革，扩大生产，使唐山华新纱厂逐步成为纺织、印染全能厂。这时周叔弢肺病见愈，于是董事会决议邀聘周叔弢出任该厂经理，以完成此重任。周叔弢因此来到唐山，成为唐山华新纱厂董事兼经理，至1928年又同时兼任天津华新纱厂经理。从那时开始，周叔弢半个月在唐山，半个月在天津，奔波于两地之间。

除华新纺织公司外，周叔弢与启新洋灰公司的关系也十分深厚，他不仅是这个企业早期的股东，还是其最后一任总经理。

中国第一家水泥厂

洋灰又称"细棉土"，这个别称由英文"cement"音译而来，它就是建筑业不可缺少的水泥。此前中国没有能力生产水泥，清末国门洞开后，国内建筑所需水泥皆靠进口，因此被老百姓称为"洋灰"。

1891年，由开平矿务局总办唐廷枢主持创办的细绵土厂建成投产。庚子事变中开平矿务局被英国资本家骗占，细绵土厂也落入其手。1906年，在周学熙等人的努力下，细绵土厂得以收回自办，1907年改组后，正式定名为启新洋灰股份有限公司。"启新"寓意开启新的未来，其水泥商标定为"龙马负太极图"，俗称"马牌"。这时，周学熙从天津写信给周氏家族各房，号召族人为启新洋灰公司投资。

今天看来，能够为开创中国水泥工业的企业投资，相当于购买稳赚不赔的原始股，是个千载难逢的发财机会。但在当时，水泥工业是个全新的事物，对于它能否赚到钱，可没有人敢打包票。而且，启新洋灰公司是股份

启新洋灰公司商标

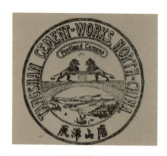

启新洋灰公司水泥商标

启新洋灰公司水泥厂大门

制有限公司，那个年代，在中国还很少有这种性质的企业，为这样的企业投资，要有长远眼光且冒有很大的风险。

此时，周叔弢正在扬州守制，得到周学熙的书信之后，他立刻和二哥、四弟、五弟各投股一万元，他的大哥投股两万元。并且，除长房周学海一支之外，二房、七房、九房的叔伯兄弟也都有投资。后来周叔弢曾诙谐地说，当时周学熙的号召力很强，他不只是向家人集资，也向其他朋友进行集资，最终为启新洋灰公司招商股一百万元，自己这一万元的股东真是芝麻绿豆的小股东。说是芝麻绿豆，但对于手中仅有五万元遗产的周叔弢来说，拿出五分之一来支持当时方兴未艾的水泥工业，还是需要有卓识和远见的。

从此，启新洋灰公司变成了民族企业。自1906年至1941年，其水泥的年产量由不足万吨达到三十万吨，曾独霸中国水泥市场，更被京张铁路总工程师、"中国铁路之父"詹天佑称为上品，并在美国、德国、意大利等国际赛会上多次获奖，享誉国内外。

启新洋灰公司出品水泥被京张铁路总工程师詹天佑称为上品

20 世纪 30 年代初周叔弢与周一良合影

1929 年，启新洋灰公司扩充董事会监察人的名额，周叔弢获得举荐，此后连选连任，当了十多年的监察人。1944 年，周叔弢被选为董事，继而担任了协理。同年 12 月，他又出任总经理，直到 1954 年 8 月 1 日，启新洋灰公司正式实行公私合营。

1919 年，周叔弢正式步入实业界。此后，无论是华新纺织公司，还是启新洋灰公司，抑或耀华玻璃厂等，周叔弢都是怀着强烈的事业心，努力筹划经营，谋求民族工业的发展和国家的富强。在北方实业界，周叔弢贡献卓著，名望甚高，但他从不居功自傲。20 世纪 80 年代，年逾九十的周叔弢在谈及当年的经历时，总是谦逊地说自己"不是创业者"，把"华新""启新"这些华北重要企业的创建、经营之功，归于他人。当别人问及周叔弢企业管理成功的秘籍时，他也总是说，那个年代经营一个企业、办好工厂，很不容易，因此必须选贤与能，选择正直可靠而又有能力的人，他很幸运，企业里有很多能人可用，他不过是忠实地执行了这个原则而已。

04

何处望神州

洋灰是一种"和平工业"，有和平才有建设，有建设才要洋灰。

——周叔弢

在华新纺织公司建于天津、青岛、唐山、卫辉的四个纱厂中，周叔弢都担任过重要的职务，其中，他付出心血最多的是唐山华新纱厂，遗憾最深的也是唐山华新纱厂。

天津"五蝠"、唐山"三燕"

周叔弢到唐山华新纱厂任职不久，正好赶上之前迟迟未到的英制纱机运到，他亲自参与了开箱、验收、安装、试车、投产的全过程。他以身作则，为全厂职工做出了榜样，并且从中掌握了棉纱生产的全面知识。他热切希望为发展民族工业贡献一份力量，希望

唐山华新纱厂"三松"纱、"三燕"布商标

《华新纺织有限公司章程》

华北的棉纺业能与江南并驾齐驱。

　　尽管唐山华新纱厂在创建过程中遇到许多困难，但在最初的几年里，生产还是稳定的，年年有盈利。周叔弢不断更新改进生产设备、改善纱厂环境，如在纱厂内增添喷雾设备，改进车间的照明，并相应改革了一些陈腐的规章制度，极力追赶无锡、上海等地同行业的厂家，提高棉纱产量和质量，争取市场。周叔弢具有新型实业家的才干，把唐山华新纱厂办得有声有色。该厂生产的"三松"纱在北京、天津、东北和冀东各县因物美价廉而广受好评，销量喜人。1932年，"三燕"布投入市场后，就以质高价低与无锡的"双燕""吉庆"等品牌齐名。当时天津是北方纺织业最发达的城市，但唐山华新纱厂的"三松"纱、"三燕"布同样畅销津门，素有天津"五蝠"、唐山"三燕"之说。这也是唐山华新纱厂最兴旺发达的时候。

然而，随着日本侵略的加剧，凡属规模较大、利润较高的私人企业，不论工厂、商店，日方都要以所谓"入股""合作"的方式，实行吞并。1935年下半年，日方提出向唐山华新纱厂"入股"。当时，全国人民抗日情绪高涨，工、农、商、学同仇敌忾，周叔弢具有民族气节，深怀爱国之心，拒不接受日方的"入股"。对日方的强硬蛮横，他不予理睬，采取拖延的办法，一直拖到冀东事变。

1936年，日军指使"冀东防共自治政府"向唐山各企业征收统税①，国民政府对该行为"不予承认"，而"不予承认"的表现，竟是要在其统治范围内的天津另行向企业再征收一笔税费。于是华新纺织公司在双重税收压力下，陷入了经济困境。这期间，华新纺织公司曾联合启新洋灰公司向国民党中央政府要求减少双重赋税，但是没有成效，进而又向天津金融界呼吁，也没有得到帮助。最后，因唐山已由"冀东防共自治政府"管辖控制，华新纺织公司已无路可走，被迫接受日方提出的条件，由日方参股、掌握唐山华新纱厂的经营管理权。周叔弢无法接受这样的安排，愤然辞去经理职务，返回天津。当他离开工厂时，纱厂的工人们再次关闭机

① 旧中国征收的一种货物税。

器到门口送行，只是这一次，默默无言、遥遥相送中多了一份悲壮，这也成为周叔弢一生中最遗憾的事。

"覆巢之下，安有完卵？"天津华新纱厂面临的情况也好不到哪里！随着日本帝国主义向华北步步逼近，继唐山华新纱厂后，天津华新纱厂终究也无法逃脱被蚕食鲸吞的厄运。1934 年，天津华新纱厂被迫售给日商钟渊纺绩株式会社，改名为钟渊公大实业株式会社第七工厂（简称"公大七厂"）。

这件事让周叔弢深感痛心，直到晚年他仍耿耿于怀："站在国家、民族立场，为了对抗外资，我虽欲'宁为玉碎，不为瓦全'，但公司主体是股东会，我一个人不能做主。"并对此"至今内疚于心"。①

天津华新纱厂大门

---

① 周启乾：《记祖父周叔弢二三事》，《中国文化》，2014 年 5 月第 39 期。

天津"公大七厂"抗日保卫战

　　很多人都通过电影《八佰》知晓 1937 年 10 月可歌可泣的上海四行仓库保卫战，实际上，同年 7 月的天津，也发生了一场悲壮感人的保卫争夺战。今天，"公大七厂"那栋破旧的建筑和墙上的弹孔，就是这场悲壮战斗的见证。

　　"公大七厂"位于现在的天津北站附近。北站过去叫天津总站，是津浦线的起点，也是沟通中国铁路南北运输的重要枢纽，更是日军争夺和退守的重要据点。

　　1937 年七七事变后，驻守天津的国民革命军第二十九军军长宋哲元通电各部队"守土自卫"，于是，成批的武器弹药被运进"公大七厂"，整个厂区也进行了加固。很快，日军开始进攻天津。7 月 27 日，第二十九军第三十八师副师长兼天津市警察局局长李文田决定主动出击，在日军大举增兵到来前，率先将驻津日军消灭。29日凌晨，战斗打响，部队在"公大七厂"周边与日本人展开惨烈的巷战，一度陷入胶着状态。当天下午，日军动用飞机对天津城区进行轰炸，各部队陆续收到撤退命令。7月30日，天津沦陷。然而在"公大七厂"内，仍然有五名身着白色粗布便衣的战士，未来得及出厂，他们在发电机房水楼内进行顽强抵抗。日军迅速调集数十人包围水楼，用瓦斯将他们逼下楼，五名战士终因寡不敌众遭到生擒，随即在粗纱车间门前被杀害。

"公大七厂"保卫战，牺牲在厂内的抗日战士共计八十六人，战况相当惨烈！抗战胜利后，国民政府接收"公大七厂"，改为中国纺织建设公司天津第七厂（简称"中纺七厂"）。工厂的工人们在工厂西北门外，为牺牲的第二十九军第三十八师和保安队的八十六名抗日烈士修墓建碑。1949年后，"中纺七厂"改为天津印染厂，后来成为天津国印纺织有限公司。

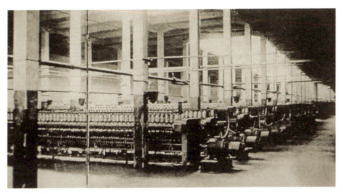
20世纪30年代天津华新纱厂细纱车间

　　个人的命运终究都会被裹挟进历史的洪流之中，这一时期不仅是周叔弢的人生低谷，也是整个中国历史的低谷！周叔弢第三任夫人左道腴以平实的文字记录道：

> 抗日战争时期，我爱人周叔弢留居天津。为了避免敌伪们纠缠，他不再上班，不拿工资，深居简出，洁身自爱。但当看到自己亲手辛辛苦苦创办的唐山华新纺纱厂被日本人夺走，心里着实非常恼火。

　　国家民族危难之际，爱国知识分子内心的波澜与苦痛，岂是文字可以描述的！自此，周叔弢谨言慎行、闭门不出，不再参与任何社会活动。只有1937年，长子周一良回到天津，并于次年在法租界的国民大饭店举办婚礼时，周叔弢一家才热闹了一场。

一良的婚礼

国民大饭店建于 20 世纪 20 年代，是当时天津最好的饭店之一，号称可以举行数百人的大型宴会。1938 年 4 月 3 日，周一良与邓懿结婚，先在国民大饭店以西式的礼仪举行了婚礼，然后再回到家里按中国传统礼俗举行仪式。当日，国民大饭店里，高朋满座。开滦矿务局总经理孙多钰[①]为证婚人，周叔弢与邓懿的长兄邓宝名作为家长出席，周叔弢的四子周杲良做伴郎，长女周珣良为伴娘，另有花童四位。十岁的幼子周景良拿着小纪念册，忙着请来宾们一一签名。

婚礼结束后，新郎、新娘回家，换上长袍马褂、花色短袄和红裙，先拜祖先，后拜父母，然后向来宾中的长辈行礼，再行一遍旧式的婚礼。婚礼的热闹和家人的陪伴，宽慰了周叔弢。

天津国民大饭店

① 字章甫，著名实业家。

周一良与邓懿

1938年4月3日周一良婚礼照，后排右一为周叔弢

　　这一时期，周叔弢无奈地再次退归他的"终南山"——藏书楼自庄严堪。他于乱世中，潜心藏书、收书、读书，竭尽所能寻找、保存文物珍品，不让国宝流散异国，并时时盼望着抗日战争的胜利。

洋灰是一种"和平工业"

　　抗日战争即将胜利之际，启新洋灰公司的管理层发生了重大的变化。1944年12月，启新洋灰公司董事会一致选聘周叔弢为总经理，一度沦为日本军管工厂的启新洋灰公司，开始恢复元气。此后，周叔弢身兼多职，除华新纺织公司外，他还是启新洋灰公司董事、协理、总经理、董事长，以及滦州矿务公司、耀华玻璃公司、江南水泥厂董事。

然而，刚刚准备重新开始的周叔弢，遭遇了另一场意想不到的危机——好不容易日本侵略者走了，国民政府的接收大员又来了，他们要将启新洋灰公司作为敌伪产业予以接收。这对刚恢复元气的"启新"来说，可谓是沉重的一击。

无奈之下，周叔弢只得派人到机场去迎接这位接收大员，送他住进了利顺德饭店。双方经过多次商谈，未能有结果。这时，周叔弢拿出了一份日本投降时日商的声明书，据理力争启新洋灰公司是民族企业，日商只是"代销"，并没有任何投资行为。最终，启新洋灰公司得以保全，但无论周叔弢如何竭力整顿，此后的生产经营状况却每况愈下，1945年后还一度被迫停工。到唐山解放前夕，启新洋灰公司水泥滞销，资金枯竭，设备失修，濒临破产倒闭。

1947年11月11日，《大公报》记者访问周叔弢，论及启新洋灰公司，周叔弢说道："洋灰是一种'和平工业'，有和平才有建设，有建设才要洋灰。洋灰产量的大小，可以度量一个国家工业是否发达。'启新'是国内最大的洋灰厂，目前的产量只及战前的二分之一……工业是拖不下去了！"[1]

这个时候，周叔弢唯有尽力筹措资金按时发放职工工资，盼望早日渡过黎明前的黑暗。

---

① 周启乾：《记祖父周叔弢二三事》，《中国文化》，2014年5月第39期。

05

愿得展功勤

叔弢以数十年经营、生活之实践，不能不寄民族复兴国家兴亡的希望于一个新的政权……

——周叔弢

李烛尘（1882—1968）

　　中国共产党在隐蔽战线上的斗争，是影视作品的重要题材，然而电视上令人眩目的灯红酒绿、手枪暗杀，离真实的历史十分遥远。当年中国共产党的地下工作者绝大多数手里并没有枪，他们以普通人的身份秘密进行着意义重大的工作。因此，1948年，当周慰曾受周骥良之托，带着打扮朴素的中共地下党员王文化来见周叔弢时，他一点都不意外。不过在此之前，另一个人物的回归，确实给了周叔弢巨大的惊喜。

　　周叔弢的老朋友、"永久黄"的李烛尘从重庆回到了天津。

久大精盐公司塘沽盐场的盐田

三五俱乐部

"我第一次见到李烛老时，是随祖父自津乘火车赴京，正与李同一节车厢。他那时虽已年过古稀，但精神矍铄，在夏季着一身白色西服，用神采奕奕来形容绝不为过。"[1]周叔弢的长孙周启乾后来回忆李烛尘时说道。

李烛尘出生于湖南永顺，早年曾留学日本，在东京高

---

[1] 周启乾：《〈周叔弢日记〉中的祖父及其友人续》，《博览群书》，2017年第2期。

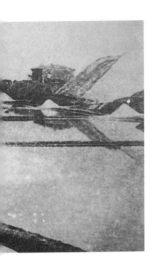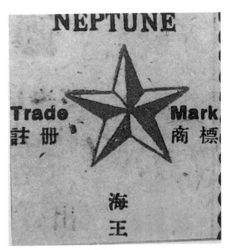

久大精盐公司的"海王牌"商标

等工业学校学习电气化学，学成后回到北京，应范旭东之邀任久大精盐工厂技师，后相继参与久大精盐公司、永利碱厂与黄海化学工业研究社的经营管理，逐渐组建永久黄化工集团。永久黄化工集团与周学熙开创的北方实业集团并列，在全国都是数一数二的大型企业。周叔弢与李烛尘亦是相识多年的好友。

李烛尘的儿子李文采在南开中学读书时接受了进步思想，后来在上海交通大学读书时，加入了中国共产党。1931年毕业后，李文采前往湘鄂西苏区做无线电台的培训工作，后因国民党军队的袭击而与党组织失去了联系，经周叔弢帮助，得以前往德国萨克森皇家理工学院（今德累斯顿工业大学）学习钢铁专业。1946年，周叔弢和李烛尘热心支持燕京大学建立工学院，为华北工业培养技术人才，但因国民党很快挑起内战而作罢。正是因为有往日深厚的情谊，李烛尘和周叔弢再次相见，分外高兴。

抗战胜利的短暂喜悦过后，民族企业面临着更为艰难的生存环境。国民政府的接收大员们在各地上演了"劫收"的戏码，有油水可捞或是要害部门，都是他们眼中的肥肉，只怕"接收"落后一步肥水外流，至于如何发展生产、恢复民生，他们是不考虑的，只是忙着敛取财物，中饱私囊。

李烛尘和周叔弢二人，一位对蒋介石和国民政府的言而无信、撕毁政治协商会议决议、发动内战怒火中烧，另一位对国民党接收大员大搞房子、车子、金子、票子、女子的"五子登科"愤懑异常。于是二人迅速达成一致，出面联系其他天津工商界人士，这是抗战胜利后天津工商界人士为了自救而采取的主动措施。他们组成了一个不经国民党插手的、跨行业的、纯粹的民间组织——三五俱乐部，这个组织很快旗帜鲜明地与国民政府唱起了对台戏。

三五俱乐部原为甲戌俱乐部，每逢周三、周五开放，地点就在和平区泰安道（后期迁至睦南道）上的开滦矿务局大楼，是供开滦煤矿高级员工和其他社会名流周末时休闲娱乐

开滦矿务局大楼现貌

开滦矿务局大楼大厅现貌

开滦矿务局大楼门厅现貌

王庚生在《南天门》中饰曹福

的场所。这是一座缸砖砌的洋房，并没有俱乐部的门面装修，平时并不引人注目。会员们可以来此品茶、听戏、聊天，也可以聚餐，能吃到特聘名厨烹调的中西佳肴，好不热闹。20世纪30年代，俱乐部还有自己的国剧社，甚至对外售票演出。著名书法家吴玉如的长子、北京大学教授吴小如早年曾在天津学习和工作过，他回忆道：

还有一个影响比较大的票房，叫开滦俱乐部，台柱子就是天津有名的老先生王庚生先生，我和他也很熟。他是开滦俱乐部的中心人物，也教也唱。我就在那里的彩排演出里见过王庚生的《一捧雪》带《审头》，全部《龙凤呈祥》，他的前乔玄，后鲁肃，还有《四进士》，那都是很叫座的。①

　　三五俱乐部的会员都是天津工商界的头面人物，一般中小企业主是无法进入这个俱乐部的。素常前往三五俱乐部的，有久大精盐公司总经理李烛尘，寿丰面粉公司经理孙冰如，中国纺织公司总经理杨亦周、副总经理王瑞基与卢统之，东亚企业公司总经理宋棐卿、副经理陈锡三，仁立实业公司总经理朱继圣，华新纱厂经理劳笃文，永明油漆厂经理陈调甫，恒源纱厂经理边洁清，北洋纱厂经理朱梦苏，辅中公司经理谭志清，华北制革公司经理王晋生，天津造胰公司经理何宗谦，以及银行界的知名人士资耀华、李钟楚、杨天受和商界头面人物毕鸣岐等等。

　　1948 年，全面内战已经进入第三个年头，国民党在军事上节节败退，政治上孤立无援，经济上濒临崩溃。负隅顽

---

① 柴俊办、刘谊影整理：《梨园旧事（之十）京剧票友（二）》，《紫禁城》，2010 年第 4 期。

周叔弢 1947 年手迹

抗的国民政府迫令天津的工厂、企业迅速南迁，"永利""久大""东亚""仁立""寿丰""启新"这样的大型企业都被列入南迁的名单之内，许多工商业者惶惶不可终日。这一时期，到三五俱乐部的人反而增多了，他们表面上还是吃喝聊天，实际上都是在打听消息，交流对形势的看法，探寻应付时局的办法，尤其是想了解李烛尘、周叔弢等商界领袖人物的动向。人多了，社交活动也多了，此起彼伏的音乐声中蕴含着不安。

当时，多数天津工商界人士都持观望态度，也有少数人抽出资金准备南迁。三五俱乐部一向是标榜不谈政治的娱乐场所，虽然不像一般茶楼酒馆那样张贴着"莫谈国事"，但谁也不愿在这里公开谈论时局，但是当"南迁"与"反南迁"斗争展开的时候，李烛尘带头把"要不要遵照国民政府南迁命令"的问题拿到三五俱乐部的聚会上来议论。看得出来，他反对南迁的态度非常坚决，周叔弢的态度与李烛尘完全一致，并提出一连串实际问题，引发大家思考。

其后，国民政府的特派员来天津部署企业南迁事宜，在座谈会上强调："令出如山，非搬不可，而且是要立即行动！"敢说敢讲的李烛尘首先发言，他问那位南京来的特派员："你们想了没有，这样做的后果将是什么？把中国的北方毁掉吗？让中国本来就落后的工业更加落后吗？让中国更加衰败吗？"在这种众说纷纭的场合，一向沉着冷静、不牢骚、不指责，讲究以理服人的周叔弢也起而呼应，表示政府既然决定偏枯北方，那么南迁涉及的具体问题如何解决？所耗费的款项又从何处来？特派员被问得哑口无言。

当时的国民政府已经处于"泥菩萨过江自身难保"的境地，根本无心也无力解决南迁的各种具体问题。于是，许多三五俱乐部的工商界人士为了拖延时间，抵制南迁，便借口要国民政府拿出具体的南迁政策，国民政府无法回复，南迁一事也就陷入了僵局。可与此同时，也有一些工商界人士确实有重重顾虑：不跟国民政府走，留在天津，之后的命运到底怎么样？无产阶级革命的对象，是否包括城市资本家，是敌是友？何去何从？他们表面镇静，实际却是忧心忡忡。在这样的关键时刻，要消除工商界人士的顾虑，需要有人站出来做正确的引导。

这时，早已成为中共地下党员的周骥良从上海回到天津，他接到上级的任务，要求他"敲周叔弢的门，进李烛尘的家"，为争取和平解放平津寻求工商界人士的支持。当时还没有成家的周骥良怕在这位三伯父面前说不上话，就去找自己的哥哥——在天津开证券行的周慰曾去打前站。

抗战胜利后，周叔弢亲眼看到国民党的腐败，以及蒋介石一意孤行发动内战的行径，心中满是苦闷、彷徨。好读书

1947 年前后的周叔弢

的他此前已接触到英文版的《共产党宣言》和《资本论》，又读了《新民主主义论》《论联合政府》等著作，对中国未来的发展走向慢慢有了自己的判断。周叔弢常到女儿周耦良房中收听延安新华广播电台的新闻。此时，长女周珣良也从东北解放区捎来消息，周叔弢收到信后，曾委托送信人带回一支当时十分流行的派克笔，表示信已收到。

随着国民党军队的节节败退，确实也有不少人在转移资产。1948 年夏天，周叔弢赴上海祝贺病中的大哥周达①七十寿辰，有人以为他会就此不归，但他却明确表示绝对不会留

①　周达，字今觉，著名的邮票大王。

在南方，并如期北返回津。此时在北京的周一良来信征求父亲的去留意见，周叔弢回信让其不要考虑离开，并汇给他一笔应变的费用。

因此，当侄子周慰曾提出要带个"朋友"来拜访他时，周叔弢并不意外："我想他们也应该来找我了！"

就这样，时任华北局城工部天津工委委员兼企业党委会书记的王文化敲开了周叔弢的门。事后，王文化同周骥良说道："你伯父周叔弢天天收听延安新华广播电台，他对形势判断非常清楚。"

经周叔弢的引介，王文化见到了李烛尘，并由此打通了中国共产党与天津工商界人士交流的渠道。此后，周叔弢与李烛尘利用三五俱乐部的聚会，向其他工商界人士宣传共产党对民族企业的保护和支持政策，并以实际行动表达了"坚决不南迁"的意志。

1948年冬天，三五俱乐部组建了工业请愿团，由李烛尘带队赴南京请愿。他们不提反对"企业南迁"，因为南迁纯属空谈；只提反对"偏枯北方"，要求恢复工贷与申汇。由于李烛尘是请愿团团长，蒋介石不得不出面相见，虽然到最后他也不肯取消政令，但已掌握了华北军政大权的傅作义从北方利益出发，禁止工厂南迁，并为此还张贴了布告。在这样的情况下，南迁也就不了了之，只在天津历史上留下令后人费解的名词——"偏枯北方"。

从此，三五俱乐部更进一步成为天津民主活动的场所，众多实业家响应共产党的号召，做好护厂工作，准备迎接天津解放。

1949 年 1 月 15 日，经过二十九个小时的激烈战斗，人民解放军胜利解放天津。不久，时任中共中央政治局委员、书记处书记的刘少奇来到天津视察，与许多工商界著名人士促膝谈心。他曾夜访周叔弢家，久久环视周叔弢的藏书后，和蔼地提出两个问题："私营企业工程技术人员的情况怎样？""你们私营企业家在使用人才上有哪些经验？"周叔弢答道，"大量的工程技术人员都在政府的官营企业里，在私营企业的不多"，又表示"使用人才，首先要尊重人才"。谈话中，周叔弢还向刘少奇提出想把启新洋灰公司办成合作企业。这次谈话对周叔弢来说意义非凡，晚年回忆时，他说："刘少奇雪后到我家造访，使我仿佛在漫漫长夜中见到了光明。"①中华人民共和国的开国大典，周叔弢作为工商界代表，登上了天安门城楼。

自己能为新生的中国做些什么呢？这或许是周叔弢当时想得最多的问题。

---

① 　王慧章：《王光英传》，人民出版社，1999 年，第 104—105 页。

06

化私而为公

其意甚壮，其情可哀。爱书与爱国，同是一事。

——黄裳

珠還合浦

东汉时期，广西的合浦被称为南珠故郡，那里出产的珍珠又圆又润，大而白亮，被誉为"合浦珠"，当地百姓都以采珠为生。可后来这里来了一位贪婪的太守，他急功近利，过度捕捞，反而导致海蚌迁徙，珍珠数量骤减，商旅渐少，百姓也失去了生活来源。这时，新任太守孟尝来到合浦。他下令革除弊政，严禁不法捕捞，不到一年，海蚌回迁，珍珠重现，百姓皆返其业，合浦恢复了繁荣。这便是"珠还合浦"的典故，后来常用于比喻物归原主或人去而复归，作为藏书家的周叔弢在信函、题记中多次写到这四个字。

自庄严堪

藏书是藏书家的积累、积淀和追求。中国私人藏书的历史源远流长，它对于保存文化典籍、传播民族文化，发挥着巨大作用。而藏书家往往又是大学问家，近代以后北方的私人藏书楼中，周叔弢的自庄严堪、李盛铎的木犀轩、梁启超的饮冰室、傅增湘的双鉴楼、胡宗楙的琅嬛胜处都鼎鼎大名，且都在天津。

有人藏书只是为了满足收藏的爱好，而对于周叔弢来说，藏书既不是为了附庸风雅，更不像众多古籍收藏家那样希望"子孙永宝"，他孜孜以求的，是不让珍品流失海外，以此保护祖国珍贵的文化遗产。时至今日，从他倾注了毕生心血的古籍文物上，我们仍能感受到他的一片赤诚。

周叔弢的祖父周馥年轻时也爱藏书，"从政之余，未尝释一卷"。父亲周学海更是好书，在南京做候补道时，每次回扬州必带一大批书回来，这对周叔弢影响极深。

幼年在扬州时，周叔弢便喜欢逛书店。他是辕门桥三家书店的常客，三天两头总会买上几本石印的廉价书带回家。十六岁时，他便读了张之洞的《书目答问》，从此懂得了要择书而购、择书而读，并根据这个书目购买实用书籍。再后来，他无意中得到一部日本印本莫友芝所著《郘亭知见传本

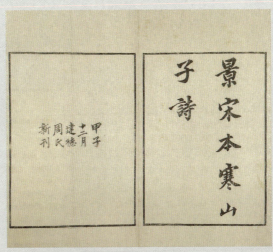

建德周氏影印宋本《寒山子诗》扉页及牌记

书目》，里面记载了许多宋、元、明刻本和旧抄本，并附优劣评价，从此知道了善本的概念。

迁居天津后，水陆通衢、商品繁盛的津门大码头，成为周叔弢日后发掘、收藏古籍文物的宝地。1917年，一个偶然的机会，他低价买到了清代皇家书库"天禄琳琅"旧藏的宋本《寒山子集》，这是他收藏宋本的开始，当时如获至宝，激动万分，以致夜不能寐，并给自己的书斋取名"拾寒堂"，以作纪念。

辛未二月同高麗本校勘一過高麗本刊刻當
在紹定己丑東皋寺本之後其甲戌玉峰跋則
無可考寒山詩已分五言於七言之外壯詩中
序次與此本正同所據仍為舊本惟拾遺二首
高麗本收於拾得詩後且多闕自訪高僧[首
為大異耳叔弢翁記

徐忠章楷施昌三人見紹興本史記章楷文見北宋
本外皆秘要方

畫中各印試吳迪生即泥未竟叟黑頓見海源閣
藏書楊敬夫谷即亦如是想輩為吳氏所歎也
甲戌十二月記 老弢

諸印攴色者以陵黃水澄之
須瀘舊卷太失傳尤端印
示如是 乙酉二月初一日叔弢

周叔弢《寒山子诗》校记

周叔弢生活俭朴，连香烟也不吸，日常饮食也以清淡素食为主，唯独嗜好收集古籍文物。他的收藏，主要包括善本古籍、敦煌遗书和秦汉玺印。其中，善本古籍更是令其倾尽心力。对于今人来说，恐怕难以想象这样的实业家为了收藏，不惜节衣缩食，甚至向他人借贷以凑齐书款。

　　1927 年，当得知山东聊城杨以增海源阁藏书由其后人陆续于京、津两地兜售时，周叔弢担心善本流向国外，便竭尽全力，不顾生计，负债搜寻。海源阁《楹书隅录》《隅录续录》中著录有古籍二百六十八种，周叔弢先后搜得五十五种。

　　1928 年，周叔弢以重金购得北京文禄堂宋释道原撰《景德传灯录》，并题跋云：“得书之五日，适第七子生，因取此书第一字命名曰景良，深冀此子他日能读父书，传我家学。”周叔弢以藏书为幼子命名，一时传为佳话。

　　1933 年，周叔弢获知日本《文求堂书目》列有宋、元、明本古籍百余种，如北宋版唐代大诗人杜牧的祖父杜佑所编之《通典》、宋刻绍兴本的《东观余论》，都是价值连城的孤本。他很想将这些图书买回，但是一部《通典》就索价一万五千元，实非其个人力量所及，只能以一千元将《东观余论》购回收藏，同时为《通典》仍流落日本而奔走呼吁，希望当时的政府或有经济实力的人能够购之归国。

　　购得《东观余论》后，周叔弢提笔作跋，除记叙购书的前后经过之外，还不胜慨叹道："独念今者，边氛益亟，日蹙地奚止百里，当国者且漠然视之而无动于中，余乃惜此故纸，不使沦于异域，书生之见亦浅矣，恐人将笑我痴绝无以自解也。噫！"[1] 数十年来，只要听说有古籍文物流落海外，周叔弢都会竭尽所能购回。

周叔弢藏书，多少还有些"完美主义"。每当他得知有古籍残缺不全时，往往不计钱财，希望还珠合浦。

1931 年，周叔弢购得一部清代著名藏书家黄丕烈陶陶室所藏的宋版陶诗《陶渊明集》十卷。他知道，黄丕烈另有一部宋刻本《陶靖节先生诗注》，其陶陶室斋名即得名于这两部善本。海源阁杨以增曾有"两陶"，《陶渊明集》由周叔弢得到了，另一部则被北京藻玉堂王子霖得去。1933 年，为使"两陶"再次重聚，周叔弢花四千元高价从王子霖处购回，收在自庄严堪内，这笔钱在当时可折合面粉四千袋，实在属于"天价"了。

除"两陶"之外，周叔弢为凑齐元相台岳氏本《春秋经传集解》三十卷，耗费了十六年时间。他早年收藏此书时便缺首卷，经过十几年多方探寻，得知这一卷收藏在嘉定徐氏处，于是周叔弢兴冲冲托友人傅增湘与徐氏商谈购买事宜。

---

[1] 周叔弢：《弢翁藏书题识（续）》，《文献》，1980 年第 4 期，第 223 页。

庚午春余逅文友李堂先生得春秋經傳及名號歸一圖

是年秋逅薛玉堂得是書卷十二至廿三卷廿七至卅六卷越

歲辛未冬渡從辞文堂得卷二至十一卷十四至廿六計廿三卷舊

裝末攺居延壓合閣卷二前十年歸空空徐氏因急訪之北平乃

前數日為一龔姓用六百圓買去故都人海湖不可追矢延津之

合或有所待即每展卷興歎殊不能自己也壬申十二月弢記

按邵桂子宋淳安人宇德芳歸安同以文名登咸淳進士住

霅州教授宋比避地雲間搆亭湖上名雪舟著述其間天祿

琳琅前編著錄元李東坡集即其一所藏也

龔氏所得首冊項臼毀於上海閘北之難不在人閒固逅

沈叔三爻兄所藏宋無州本第一卷以補此書之闕而記其歲目

於此癸酉三月三日亦弢記

周叔弢《春秋经传集解》题记

春秋經傳集解襄公六第十九　盡三十一年

杜氏

經二十有九年春王正月公在楚　朝正之禮　夏五

甚多而唯書此一年者魯公如楚既非
常此公又踰年故發此一事以明常非

月公至自楚庚午衞侯衎卒　無傳四同盟　衎苦旦反　閽　守門者下賤非士故

弒吳子餘祭　不言盜祭側界反　仲孫羯

會晉荀盈齊高止宋華定衞世叔儀鄭公孫

段曹人莒人滕人薛人小邾人城杞　公孫段　伯石也

元相台岳氏本《春秋经传集解》

谁知徐氏听说是周叔弢要买，故意抬高价格，周叔弢只得作罢。1946年，他再经侄子周慰曾托其岳父孙静庵与徐氏洽谈，并一再嘱咐对方不可提及是自己要买。随后，孙静庵借徐氏请其鉴定玉器为便，向徐氏提出欲买此书。徐氏知道孙静庵并不好收藏古籍，认为他是开玩笑，便开口说要黄金一两。没想到孙静庵当场就答应了，立即付了书款。徐氏不好当众反悔，只能依约送书。当周慰曾把书给周叔弢送去时，周叔弢异常兴奋，一边翻着书，一边笑着，连连说："亏了静庵，值得，值得！"周叔弢在书跋中说道："珠还剑合，缺而复完，实此书之厚幸，岂仅予十余年好古之愿一旦得偿为可喜哉！"

除善本古籍外，大量的国粹瑰宝流散海外的状况也让周叔弢痛惜不已，他为守护国宝一样不惜重金。如今收藏于天津博物馆的一级展品——石涛的《巢湖图》，就是当年周叔弢以一万元购得的，当时他曾说："为护一国宝，万元非靡费，虽手头拮据一时，无惶恤也！"

《巢湖图》画的是安徽巢湖的风光，这是中国历史上第一幅画巢湖风景的画作，作者是"清代四僧"之一的石涛。石涛是中国绘画史上一位有着杰出贡献的艺术家和理论家，他本姓朱，名若极，是明太祖朱元璋后裔靖江王朱赞仪的第十世孙。明朝灭亡时他只有三岁，侥幸逃亡后出家为僧，改名石涛，号苦瓜和尚，从此半世云游，以卖画为业。据考证，

周叔弢旧藏石涛《巢湖图》（现藏于天津博物馆）

《巢湖图》是 1695 年石涛应吏部尚书、武英殿大学士李天馥和庐州府太守张见易的邀请，从扬州到庐州游览，返程路上路过巢湖，巧遇巢湖连日大雨，水位上涨，于是他就作了此画。张见易得后，如获至宝，精心收藏。但其后人因家道中落将《巢湖图》变卖，几经易手之后，《巢湖图》流落天津。1940 年，周叔弢听说有人想从孙多钰处购买《巢湖图》送予日本人，便东挪西借筹措资金，再加上一位爱国商人许先生的慷慨相助，终于以一千八百元买下《巢湖图》，并于 1972 年捐献给天津市艺术博物馆（2004 年与天津市历史博物馆合并为天津博物馆）。

2022 年 11 月 20 日，"鸣沙遗墨——天津博物馆藏敦煌文献特展"在天津博物馆开幕，这次展览可谓是天津地区历史上规模最大、内容最丰富的馆藏敦煌文献特展。包含此次展览的展品在内，天津博物馆馆藏敦煌文献共三百余件，而其中绝大部分来自周叔弢的捐赠。

敦煌文献，又称敦煌遗书、敦煌写本，被誉为中国近代考古三大发现之一，是对 1900 年发现于敦煌莫高窟 17 号洞窟的一批书籍的总称，其中大多为 4 世纪至 11 世纪的古写本及印本。

早在 1918 年，周叔弢从方地山 [①]（1873—1936）处借

---

① 清末民初著名学者、书法家、楹联家。

得敦煌文献《佛说阿弥陀经》，并照相影印一百卷，这是我们所知周叔弢最早参与敦煌文献收藏的活动。此后，他通过各种渠道开始收集敦煌文献，四十余年始终不辍，并寻觅良工制作经匣，以妥善保存。

1900年敦煌文献被发现之后，外国所谓探险家蜂拥而至，巧取豪夺，骗取了大量敦煌遗书和佛画。直到1909年，清政府在学者罗振玉的呼吁下，才电令新疆巡抚何彦升检点被劫余之物进京，交京师图书馆保存。在运送过程中，一部分敦煌文献流散民间，一部分为李盛铎等达官贵人窃取，还有一部分按要求送至学部收藏。清帝逊位后，李盛铎等人寓居天津，藏在他们手里的部分敦煌文献也随之来到天津。20世纪30年代，李盛铎及其后人曾公开出售所藏敦煌文献，大多卖给了外国人。周叔弢为了集中这些散失的文物，不惜重金，各处奔走。他曾回忆说："我现在工作读书之外，经常到古玩铺、古书铺一走，我不买字画，但时时买到敦煌所藏隋唐人写经。"

1941年，天津文物市场上出现了一批颇像敦煌文献的草书帖、书籍、文书，上面大多钤盖着李盛铎的收藏印。周叔弢花大价钱买了几十种，周景良亦重金买回《故旧帖》《户口单》等。周叔弢忆起好友方地山所言："唐人写经是抄书，不是临帖，如过去穷书生代人抄书院卷子。不欲过好，不得

佛說阿彌陀經

如是我聞一時佛在舍衛國祇樹
給孤獨園與大比丘眾千二百五
十人俱皆是大阿羅漢眾所知識
長老舍利弗摩訶目揵連摩訶迦
葉摩訶迦旃延摩訶俱絺羅離波
多周利槃陀伽難陀阿難陀羅睺羅

《佛说阿弥陀经》首页

115

过丑。"以这种依字体识别真伪的方法，周叔弢看出这批敦煌文献是用双钩办法作的赝品，后又请赵万里再做鉴定，确认为赝品。周叔弢毫不吝惜地将其公开全部烧毁，并表示：这些东西不能留在世上骗人。

周叔弢收藏敦煌遗书共二百五十七件，其中百分之九十五是佛经，不少是《大藏经》失载的佛教经典，如《佛说水月观音经》《羯摩经》《鼻耶律序》《禅数杂事（下）》等，是研究大乘佛教和古印度文化的重要资料。还有部分社会文书、户牒、佣工契、曲子词、中日古写本《文选注》等，时间跨度从南北朝、隋、唐、五代到北宋，为后世了解 4 世纪至 11 世纪东亚乃至中亚、南亚地区的宗教、社会、历史、文化、

周叔弢旧藏敦煌文献

艺术，提供了不可多得的第一手材料。可以说，周叔弢是国内个人收藏敦煌文献数量最多、质量最高的一位。

爱书与爱国，同是一事

经过长达半个多世纪的不懈努力，周叔弢的藏书楼自庄严堪藏书数量惊人。抗日战争时期，周叔弢囊中羞涩，在其《己卯新收书目》中表示："今年本无力收书……不得不售股票收之，孰得孰失，正不易言耳。"1942年，正值国难当头，家计难以维持，他迫不得已转让明版书百余部予友人陈惟壬①，直言"去书之日，不胜挥泪宫娥之感"。这百余部书，他用小行书足足写了八行笺七十页整，编写进《自庄严堪明版书目》，对每部书的纸张、版式、字体、刻工姓名、目录、收藏印章乃至题跋等全部记录，无一遗漏，并在书目标题下写下"壬午鬻书记"五个字。出让这些书，原本是为了家庭日用开销，可这时，北平的书商从上海买到宋余仁仲万卷堂刻本《礼记》二十卷带到天津给他看，他"不遑复计衣食"，立刻用这笔钱购买下来。

也正是在这一年年初，周叔弢手订《自庄严堪善本书目》，

---

① 周叔弢好友，爱国实业家。

他在卷首写道：

> 生计日艰，书价益贵，著录善本，或止于斯矣。
> 此编固不足与海内藏家相抗衡，然数十年精力所聚，
> 实天下公物，不欲吾子孙私守之。四海澄清，宇内
> 无事，应举赠国立图书馆，公之世人，是为善继吾
> 志。倘困于衣食，不得不用以易米，则取平值也可。
> 毋售之私家致作云烟之散，庶不负此书耳。壬午元
> 旦　弢翁至嘱

　　身处乱世的周叔弢，嘱咐子女在国泰民安之时，将藏书全部捐献给国家和人民。中华人民共和国成立后，周叔弢盼望的"四海澄清，宇内无事"的时代来到了！

　　1949 年，周叔弢开始整理藏书，选出上乘精品，逐一校对、编目，并陆续捐出。1952 年，他把献书的心愿告诉时任天津市市长黄敬，心思缜密的黄敬坦率地说："书籍是生活资料，个人藏书是你的合法财产，提出捐书，是不是政治运动给了你什么政治上的压力，产生了副作用？"周叔弢当即表示："如果真有什么政治压力的话，我也就不一定肯献了！我将心爱的藏书，贡献给我心爱的国家、人民，使这批古籍珍品永不遭致流失损毁之厄运，使之能发挥作用，由国

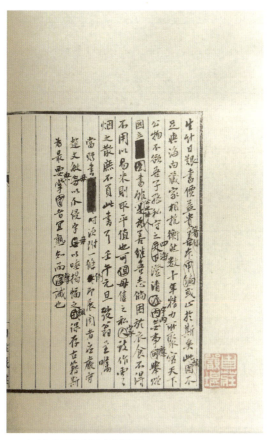

1942年《自庄严堪善本书目》卷首题记

家收藏，岂不比我个人收藏更好吗？"①

　　周叔弢先生主要捐赠情况如下：

　　　　1949 年 7 月，向故宫博物院捐献宋刻本《经典释文》卷七（后移交北京图书馆②），使原藏得以完璧。

　　　　1951 年，向北京图书馆捐献《永乐大典》一册。

　　　　1952 年，向北京图书馆捐献宋、元、明刻本及抄、校本七百一十五种计两千六百七十二册。

　　　　1954 年，向南开大学图书馆捐献中外文书籍三千五百余册，其中多为早期原本及译本。

　　　　1955 年，向天津图书馆捐献古籍线装书三千一百余种计两万两千六百余册。

　　　　1973 年，向天津图书馆捐献古籍线装书一千八百二十七种计九千一百九十六册，其中以明清两代各类活字本、影印宋元刻本、周氏自刻自印及部分稿本为特色。

　　　　1981 年，向天津图书馆和天津市历史博物馆捐献历代文物共计一千二百六十二件，其中古玺印九百一十方，敦煌文献二百五十六卷，以及名人书画三十八件，旧墨三十八件，其他二十余件等。

────────────

① 　周慰曾：《周叔弢传》，北京师范大学出版社，1994 年，第 111—112 页。
② 　今中国国家图书馆。

1949年《进步日报》报道周叔弢捐赠文物

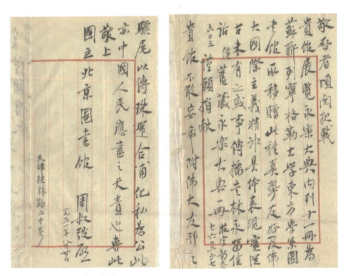

1951年周叔弢致信北京图书馆

1979 年，周叔弢和天津图书馆工作人员在一起

1979 年，周叔弢和天津市艺术博物馆工作人员在一起

周叔弢捐献藏书近六千种计四万册，其他零星捐赠尚未计及。这些珍贵的藏书化私为公，大大丰富了国家藏书。藏书家黄裳赞叹道："其意甚壮，其情可哀。爱书与爱国，同是一事。"

自20世纪80年代至今，《周叔弢先生捐赠藏书目录》《周叔弢先生捐献玺印选》《自庄严堪善本书目》《弢翁藏书年谱》《弢翁藏书题跋》《周叔弢古书经眼录》《周叔弢批注楹书隅录》等书籍，相继编辑整理并出版。晚年，周叔弢激动地说："回想自己在七十多年的藏书生涯中，常为搜求到一本好书而感到其乐无穷，如今，我为这些书籍来自于人民，又归之于人民，得到了最好的归属、最好的主人，无限欢快，非昔日之情可比拟。"周叔弢一贯认为古籍文物是历代人民智慧的结晶，人民之物归之人民，是理所当然。

1983年，也就是周叔弢去世前一年，长孙周启乾为其做口述时，他回忆早年"主要的兴趣和嗜好有三"，即购买善本书籍、照相洗印和购买其他书籍，并表示："前者贯通于我的一生，使我能以微力对人民有所贡献。后两者则使我的头脑不甚顽固，比较易于接受新鲜事物，以致后来接受唯物辩证法等革命理论，都不无有益的影响。"①

① 周启乾：《记祖父周叔弢二三事》，《中国文化》，2014年5月第39期。

2007 年，周景良于天津图书馆参观周叔弢当年的捐赠，面对整排书箱及其中保存完好的书籍资料，感慨万千。后来他将这些资料与回忆陆续写成文字，整理成《丁亥观书杂记：回忆我的父亲周叔弢》，并在 2012 年国家图书馆"纪念弢翁捐赠六十周年古籍善本展览"开幕前正式出版，以示纪念。

周叔弢的一生充满传奇，他效仿先贤的藏书之路，却始终认为，自己不是藏书的拥有者，而是守护者。在艰难岁月中，周叔弢用大爱之心守住了中华文化的宝藏。今天，当我们走进中国国家图书馆、天津图书馆、天津博物馆，在古籍阅览室或博物馆特展上，也许都会想起这位无私的藏书家。

東坡生日是今朝娿未焚香與奠蘇齋

翁學士年〻設宴設宴話通宵東坡生日是今朝

一老衝寒赴友招聞道春風来枚履凌雲意氣正

飄〻東坡生日是今朝我獨閉居苦齊案但把和陶

詩熟誦樽无濁酒也悲消東坡生日是今朝助我

清吟興轉饒誰復景蘇同此意縣橋人又憶花

橋

黃裳先生精於目錄之學著述甚富尤紙今書因錄黃荛圃題宋本注東坡先生詩殘卷詩以應宁之此書曾在余家雪泥鴻爪不聊誌及之字之工拙非所計也周叔弢記時年九十有一

07

诗书继世长

家里书很多。整个的氛围就是要培养子女成为敦厚、朴实的读书人。我父亲曾在给大哥的信中写："人能笃实，自有辉光。"

——周景良

故　居

　　周叔弢于1914年自青岛迁居天津，虽定居于此，但很长时间都是租房居住，最早租住在当时的意租借大马路3号、5号（今建国道54号）。这是两幢二层小楼，红瓦坡顶，清新明快，楼前各有花园式庭苑，房东是比利时人。3号为周叔弢一家自住，一楼为客厅和书斋，二楼为卧室和休息室。5号住的是周家亲戚及孩子们的授课老师。

　　1923年，周叔弢一家迁居赤峰道一幢中西合璧的二层小楼（今赤峰道小学教学楼），庭院较大，有荷花池、凉亭等，孩子们很喜欢这里的环境。1927年，全家又迁到黄家花园泰华里居住，租的是前广东水师提督李准的房子。[1] 周、李两家本就是亲戚，李准的胞弟娶了周叔弢的妹妹，因此两家孩子们都一起学习，入周家家塾。

---

[1]　崔世昌：《周叔弢先生在天津的寓所》，《天津史志》，1991年第4期。

泰华里的家，很少出现在周家后人的回忆中。周景良对其印象最深刻的，是父亲周叔弢的书房，房内一面墙上挂着一副对联，另一面墙上挂着德国哲学家康德的画像。小书橱上，摆放着古希腊哲学家苏格拉底半身雕像的座钟，以及诸如《弗洛伊德全集》《精神现象学》之类的哲学书籍。

20世纪30年代后期，周叔弢才开始置地建屋，地点在原英租界66号路130号（今桂林路16号），由谭真设计。那是一座八楼八底的三层楼房，进门便是客厅，墙上挂着吴让之的草书字幅及明代憨山大师的画和诗。书房内挂有小幅康熙的诗和画，楼上起居室挂有张大千的仕女图，上有溥心畬的草书题记。[①]三楼有一半是阳台，另一半是四大间书房，排满书箱和书架，分别存放线装和平装书籍。[②]书箱成排地堆放着，中间有很窄的过道，整个书房像图书馆的书库一样。

关于桂林路老宅的书房和书箱，周景良印象深刻。他记得当初家里大约有四百多个同样的木质书箱，宽七十五厘米、高四十厘米、深三十二厘米，侧面有书箱盖，可以整片打开。摆放时，一个书箱上面堆着另一个书箱，如此堆放四至六个左右成一摞，再架在定制的架子上，以免书箱着地受潮。这

---

① 周景良：《丁亥观书杂记：回忆我的父亲周叔弢》，国家图书馆出版社，2016年，第96页。
② 周启乾：《记祖父周叔弢二三事》，《中国文化》，2014年5月第39期。

1950 年周叔弢六十岁寿诞留念，摄于桂林路院中

样一摞一摞紧挨在一起，像是一面墙。因为书箱是从侧面打开的，即使摞在一起也可以方便地取书、放书。除普通木箱之外，另有樟木制的书箱专门存放善本书，还有少数楠木制的书箱。①

　　天津解放后，周叔弢将桂林路的老宅低价转让，迁居睦南道 147 号（今睦南道 129 号）。这是一座二层砖木结构别墅式楼房，顶部为红瓦坡顶，外立面为琉缸砖清水墙面，一

---

① 周景良：《丁亥观书杂记：回忆我的父亲周叔弢》，第 3 页。

楼为客厅和饭厅，曾挂过一副清乾嘉时期名藏书家鲍廷博的对联，上款写"秋浦先生一粲"。二楼为起居室，曾挂过陈师曾画的《老少年》，之后又换成郑文焯的诗画。周叔弢在这里生活了三十年，直至逝世。

　　无论是泰华里租住的家，还是桂林路、睦南道的家，留在周家孩子们印象里的，总是"家里书很多"。周叔弢不仅爱书、读书、藏书，也希望将子女培养成为"敦厚、朴实的读书人"。

天津睦南道的周叔弢故居

周叔弢摄于睦南道家中

周叔弢旧藏文徵明《楷书盘谷叙》（局部）（现藏于天津博物馆）

家风

"布衣暖，菜羹香，读书滋味长。"中国自古就是以读书为重的国家，所谓"忠厚传家久，诗书继世长"，读书尚德是一个家族得以昌盛的重要因素。而建德周氏以诗书传家的家风要追溯到周叔弢的祖父周馥。

周馥自少至老未尝一日废书，在其自订年谱中曾提及儿时读书的场景："日落后，不许外出，祖父篝灯课读，凡四书中易解文义，四五岁时皆能通晓，六七岁时，凡乡塾中书皆读遍矣。"[①]在四书五经之外，其祖父还常教授他一些做人的基本道理，如"病从口入，祸从口出""身安茅屋稳，性定菜根香"，等等。

宦海沉浮多年，囿于科举出身较低，周馥不但升迁较晚，而且备受指摘，因而更加深切地感受到教育子女的重要性。周馥有六子三女，周学海为长子，其余五子为学铭、学涵、学熙、学渊、学辉，三女为瑞钿、瑞珍、瑞珠。周馥延请邵班卿、洪述之、李慈铭等饱学之士辅导子女功课，很有成效。除学涵早卒外，其余五子均先后考取进士、举人，步入仕途。

暮年辞官后，周馥更是精心教育孙辈读书。他在扬州小

---

① 周馥：《秋浦周尚书（玉山）全集》，《近代中国史料丛刊》第9辑，文海出版社，1975年，第5648页。

《负暄闲语》封面与首页，"孙男暹"即周叔弢

盘谷园内，修了"左蹬右道"，寓意"书山有路勤为径"。并在主持编纂周氏家谱时，订立《家规十八条》，规定"子孙七八岁需入塾读书，朝夕不离书房"。这条家规，一直为后辈们践行。

1908 年前后，周馥为教育周家的子孙后代，略仿北齐颜之推的《颜氏家训》，撰写《负暄闲语》两卷作为治家家训。那时，喜爱读书的周叔弢正在周馥身边，向周馥请教了许多问题：怎么读书、怎么做人、怎么做事，就连算卦、风水也问，而周馥也根据圣贤典籍——作答，加入书中。该书分为上、下两卷，上卷有读书、体道、崇儒、处事，下卷有待人、治家、保生、延师、婚娶、卜葬、祖训、鬼神，共计十二个方面。

周馥在序言中说："此篇为诫诸幼孙而作也。"期间除了"叙述生平经历，阐发个人见解"，还"收载前贤的相关语录以教育后代"。

《负暄闲语》深深影响了周家的家风与家训，周启乾后来介绍家训时概括出四个要点：敦厚传家、祖训示孙，存心公正、以诚待人，立身处世、求真务实，对外交涉、不亢不卑。在阅读经典中明白人生哲理，在圣贤言行中敦厚个人品格，这是周馥的治家方略及其家族的家风传承。其崇儒、尚俭、守义、明德的精神一直为后代所学习和传承，而其隐忍淡远、不事张扬、潜心问学的品格，更是在不声不响中积聚起一种历久不衰的巨大能量。

周学熙亦对周家家风产生了重要影响。早年为培养实业人才，周学熙创办各类工业学堂、艺徒学堂、图算学堂等共计十二所。步入中晚年，周学熙的心态发生了明显变化，将志趣转向读书、明理、修身。他编订《周止庵先生自叙年谱》《周止庵家语》等，认为"能读书则一切外务不足以动其心，能敦品则一切匪人不得以侈其习"。他遵从父亲周馥的理念，在家族内部创办读书会"师古堂"，取古为法，以古为师。他亲自制定课程规划，要求八岁至十六岁左右的家族子弟必须在家塾读书，并规定每天除十小时睡眠和四小时用餐外，剩余时间都用来读书。除四书五经外，还要熟读《颜氏家训》

《负暄闲语》《朱子纲目》及历代史志等。读完家塾，再上外面的高中或直接上大学。

1930年，周学熙出资在北京寓所成立师古堂刻书局，选刻家塾教材，到1936年，所刻《周氏师古堂丛书》已五十余种，包括经、史、子、集各部，如《论语分类讲诵》《周氏师古堂经传简本》等。

一如父亲周馥晚年写家训和诗文告诫后代，周学熙晚年隐居在北戴河趣园研修古学，在《示儿最后语》中写道："先公笃信程朱学，孝儿传家忠厚存。门祚兴衰原有自，愿儿诗礼教诸孙。"这个声名远播的民族实业家，在半生闯荡商海后，真心期盼后辈们"闭门耕读"，学习"诗礼"，修炼情操。

周叔弢谨遵家训、家规，不仅熟读儒家经典，而且在对子女的教育上也沿袭了这一家族传统，从周一良等人的早期经历中便可窥见一二。周一良曾回忆道："我八岁在天津入家塾读书，总共十年，1930年才赴北平求学。"即便后来周一良的弟弟妹妹们进了中学，周叔弢也常请名师于学校课余时讲书。

回忆十年家塾生涯，周一良将其分为三个阶段：最初三年由三位来自扬州的职业塾师授业，讲《孝经》《论语》《孟子》《诗经》。随后四年，由清末浙江巡抚张曾扬之子张憩教授《礼记》《左传》《史记》《韩非子》等，这些都为周

周叔弢六子女

一良打下了坚实的中国古典文献基础。最后三年，是唐兰教读《经义述闻》《观堂集林》等书。

1993 年，周一良发现一份由周叔弢题写为"一良日课"的课程表，应当是 1922 年张崟初来时所订，如下所示：

一良日课

读生书 礼记 左传

温熟书 孝经 诗经 论语 孟子

讲书 仪礼（每星期二次）

看书 资治通鉴（每星期二四六点十页）

　　　朱子小学（每星期一三五点十页）

　　　同用红笔点句读如有不懂解处可问先生

写字 汉碑额十字（每日写）

　　　说文五十字（每星期一三五）须请先生略为讲音训

　　　黄庭经（每星期二四六）先用油纸景写二月 [①]

周景良同样对家塾记忆深刻，他还记得家塾的书房中有一个八仙方桌、一个书桌、两个大书架，书架上摆满了各种古籍，四书五经之外，有《资治通鉴》《通典》《通志》《文

---

① 周一良：《周一良：毕竟是书生》，第 12—13 页。

五子登科　自左至右为周叔弢六子周治良持小学毕业证书、四子周杲良持大学毕业证书、长子周一良持博士毕业证书、次子周珏良持硕士毕业证书、五子周颢良（后改周以良）持高中毕业证书

献通考》等，还有一套同文书局版《二十四史》。书桌面对着墙，墙上挂着一幅孔子像。书桌上除笔筒、砚台等文房四宝外，还有一条约三厘米宽、一厘米厚、四十厘米长的木板，漆成朱红色，是教育顽童的戒尺。家塾一般从早晨开始，午饭后接着学习，下午四点左右放学。周景良在家塾里学完了《三字经》《弟子规》《孝经》《论语》等，后因难以找到合适的先生，便不再继续了。[1]

周叔弢教育子女的最主要方式是鼓励其读书，落实到行动中就是给子女买书，并且多在书的封面题写某年某月付某人，如在《仪礼图》上给周一良题字道：

> 此阮氏原刻，为莫亭藏书，殊不易得，一良其善守之。弢翁记 己巳十月

周景良提到十几岁时父亲给他买的书籍，有四部丛刊本《孟子》，《经学历史》《圣迹图》《双虞壶斋印存》《篆刻学类要》），以及碑帖印本《智永真草千字文》《六朝墓志菁英》《道因法师碑》《麓山寺碑》《王羲之奉橘帖》，等等。除中国古典书籍外，周叔弢还给周珏良买过《西行漫记》英文本，给年幼的子女买了二百本一套、商务印书

---

[1]　周景良：《丁亥观书杂记：回忆我的父亲周叔弢》，第218页。

青年周景良

周叔弢所用《康熙字典》

馆出版的"小学生文库"，其囊括了文、理、工各方面知识。甚至还给周景良买过武侠小说《七侠五义》《小五义》等。

除了买书，周叔弢也教育子女如何读书，"藏书不读书，何异声色犬马之好"，还以元赵孟頫之言指导子女如何爱护书："勿卷脑，勿折角，勿以爪侵字，勿以唾揭幅，勿以作枕，勿以夹刺。随损随修，随开随掩。"为此，他以身示范，看书时，先将书桌擦净，再把书平放桌上。周叔弢有一套同文书局印的《康熙字典》，一函六册，是少年时在扬州购得的，他一直将这套书带在身边。20世纪70年代，周叔弢一度将其送予儿子周景良，可没过几个月，就用一套同样的《康熙字典》又换了回去。这套陪伴周叔

143

弢近八十年的字典现藏于天津图书馆，除了少数装订线断开，书页边角磨圆，其余"整齐如新"，由此亦可见周叔弢对书之爱护。

周叔弢爱给子女们买书，因为他深信书不仅可增长其见闻、开阔其眼界，还将指引其未来的道路。

周一良选择以历史学作为毕生的志业，便与周叔弢的教育指导不无关系。周叔弢是近代藏书家中少有的校勘学家之一，每收一书，除作题跋外，也长于批校。据《弢翁藏书年谱》，周叔弢最早的校本是 1915 年用张刻本、江抄本、许刻本，校陆氏水云渔屋刻本《白石道人歌曲》。

早在 1927 年，十四岁的周一良便已经是周叔弢的小助手了。周叔弢在清乾隆宝墨斋刻本《栲栳山人诗集》中题有："丁卯十二月见劳氏校本，嘱儿子一良传录……"周一良小小年纪便能胜任传录的工作，靠的是多年家塾学习打下的基础。1928 年，周一良帮忙抄录《危太朴云林集》，书中题有："此儿子一良传录本，余复校阅一过，改正数字。" 1933 年，增"见文瑞楼钞本，因命儿子珏良补录之"。可见，除周一良外，周珏良也曾给周叔弢做过助手。

1937 年，日本发动全面侵华战争，在南京史语所工作的周一良，时年二十四岁，已是历史学领域颇有名气的年轻学者了，这时被迫闲在家中，便再次给周叔弢做助手，

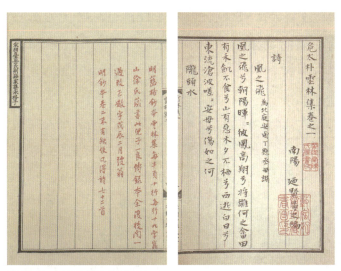

周叔弢题、周一良传录《危太朴云林集》

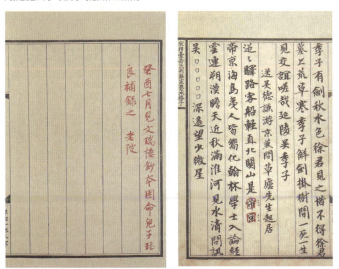

周叔弢题、周珏良传录《危太朴云林集》

校《乐章集》。此书批注，周叔弢用朱笔，周一良用蓝笔，唐兰等人用墨笔。

周叔弢书末题有：

> 明黑格钞本。每半叶九行，每行十五字。板心下方有"紫芝漫抄"楷书四字。毛斧季用朱笔校过。当即毛氏跋语中所称孙氏抄本也。丁丑十月命儿子一良用蓝笔对勘一过，因记之。弢翁

除《乐章集》外，周一良还帮助父亲校了四印斋影刻宋本《花间集》。此后，在治史过程中，周一良保留着批校的习惯，留下了大量题记眉批，已出版的相关作品有《周一良批校〈颜氏家训〉》《周一良批校〈世说新语〉》《周一良批校十九史》等。

对待子女，周叔弢不多管教，而是多引导。有一时期，周叔弢见其中一个儿子喜欢在外面闲逛，就让人到楼上书房找了一部《资治通鉴》送过去，这已经算是家里最严厉的批评了。他有家规，但亦给予自由。子女们自由选择职业，自由选择婚姻，其间尽管个别他可能不满意，但也不阻拦，充分尊重子女的意愿。

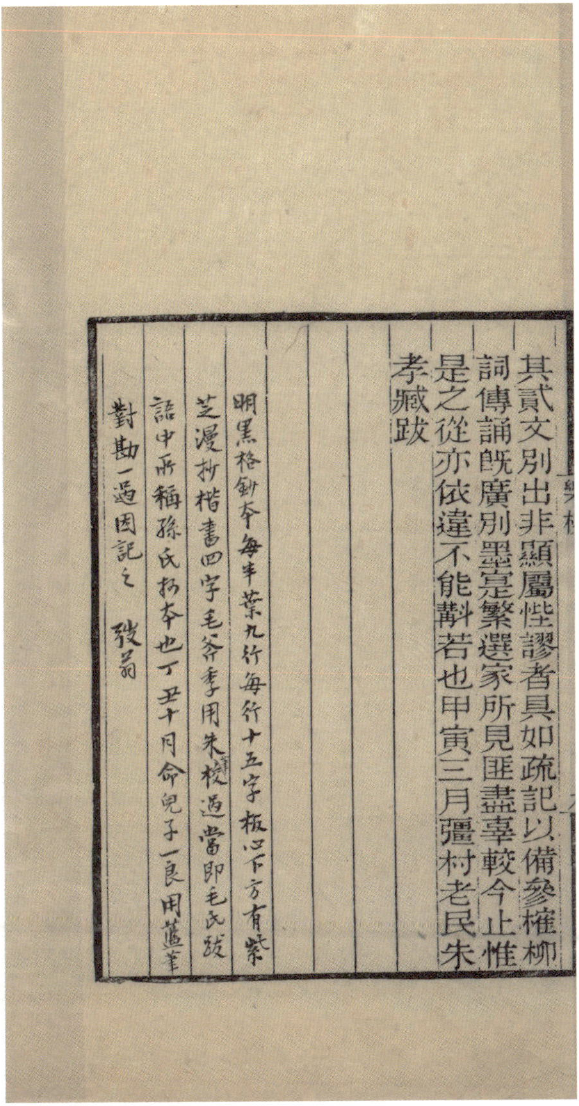

孝臧跋

其貳文別出非顯屬牲謬者具如疏記以備參校柳
詞傳誦既廣別墨憲繁選家所見匪盡辜較今止惟
是之從亦依違不能斟若也甲寅三月彊村老民朱

明黑格鈔本每半葉九行每行十五字板心下方有紫
芝濹抄楷書四字毛斧季用朱校適當即毛氏跋
語中所稱孫氏扮本也丁丑十月命兒子一良用蕙筆
對勘一過因記之　穀孫

庚午二月従沅弟三文借
錢氏本鈔毛校本對勘一
過　弢翁記

宫桃乃其懸窶思歸樂調也又有白苧中梅瓜茉莉三
詞并見詞律白苧外碧雞漫志云紫姑神作此餘瓻不
及補錄釋編又有凄涼犯二調此白石自製曲不應柳
詞先有述說天目山樵又識

蘭陔詞庭卉色歸田樂引二詞宫桃並非柳詞淒涼犯乃玉田詞此
外釋編舊錄尚有清平樂陸時第東空一闋十二時晚晴初一闋按會集
荔枝梅少章子白苧十時五詞光草堂福性鳳凰飛見天機條
錦清平樂實係非柳詞弦州柳詞盡招此三卷矣戊辰肖借叔
璈本迻校語固取選本雜程之皆花草釋編所載掊多然柞全株
其本與舊傳弱侯本大同蓋出一源也　實兴榮記

甲子正月廿六日校記未弢

丁本五月初三日燈下重校弱侯先生本
　　　　　　　　　　　校過蘭弇
　　　　　　　　　　　清常道人記

庚午二月初三日用趙校本對勘一過　未弢

周叔弢、唐兰《乐章集》题记

洞房開掩小屏空無心覷指歸雲仙鄉香在何處逗夜

香盒暖算誰與知他深深約記得否

柳耆卿詞頗入惡道佳構家乃然宋人詞集著宮詞惟

子野堯章及此圖致論二十八調者所不可少也汲古初

刻說譌百出後復刻改補勝於前葦亭張筱峰增輯

吳門戊填卿校宋本多所補正然宋本不差絲誤因此花

草粹編諸書覆校之亂後僅存一錄出來為空本也

同治丁卯長夏天目山樵識

搜花草粹編所錄柳詞尚有女冠子火雲初布一闋洞

庭春色絳蕚敷寒一闋歸田樂引水饒溪橋一闋鳳

皇閣取次相見一闋宮桃鏤玉香匋一闋醉三毛

誰作箏

毛春園

人能笃实，自有辉光

　　周叔弢与原配夫人萧琬育有一子，即周一良。1913 年萧琬因病去世后，他续娶了清代名臣许庚身的侄女许和之。周叔弢与许和之两人育有五子：周珏良、周艮良、周杲良、周以良、周治良；三女：周珣良、周与良、周耦良。许和之去世后，周叔弢与第三任夫人左道腴育有一子周景良。

　　从结果上来看，周叔弢对子女的教育是十分成功的。周启乾回忆祖父时曾说："在我的心目中，祖父既有慈爱的一面，更有威严的一面，在长期的耳濡目染与潜移默化中，自然懂得在立身处世上不可轻忽造次，而应诚实做人，认真做事。"

　　他的十个子女都成了各领风骚的学者型人才：长子周一良是学贯中西的历史学家，北京大学教授，为中国古代史研究做出了重要贡献；次子周珏良是著名翻译家，北京外国语大学教授；三子周艮良是建筑学家，天津市建筑设计院工程师、

青年周珏良

周叔弢与长孙周启乾

副院长；四子周杲良是美国斯坦福大学医学院神经学系教授；五子周以良是东北林业大学植物研究所所长，先后发现了七十多种新植物，是国家森林植物学学术带头人；六子周治良，北京市建筑设计院副院长，曾任北京亚运会工程副总指挥、总建筑师；七子周景良，中国科学院物理研究所研究员，是我国使用电子衍射分析晶体原子结构之第一人；长女周珣良任职于铁道部，历任科员、科长、处长，以局级待遇离休；次女周与良是南开大学生物系教授，微生物学家；三女周耦良是语文与英语高级教师。

除子女外，跟随周叔弢长大的子侄辈也都很有作为。周叔弢外甥孙鼎是文物收藏家。孙鼎自幼父母双亡，由周叔弢抚养成人，并成为技术型的实业家。1946 年 7 月，孙鼎创建了新安电机厂，任总经理兼总工程师。在 1954 年公私合营前，上海新安电机厂是当时全国私营电机厂中最大的一家。除上海外，1949 年 6 月，他还在天津开设了新安电机厂分厂，拥有二百多名职工。

孙鼎从 20 世纪 30 年代开始搜集文物，藏品以青铜器、封泥、钱币最为珍贵。他被戏称为"捧着金饭碗讨饭"的人，平时很节俭，甚至有些捉襟见肘，但对特别珍稀的古币则不惜一掷千金。40 年代，一些收藏家经济拮据，大多买不起珍稀古玩，只能望"宝"兴叹！唯孙鼎收入高，一如既往，看到有好货，吃准了，便将随身携带的支票一扯，果断地买下。而这些珍贵的藏品，最终全数捐赠给了国家，如同他的舅父周叔弢一样。

1983 年 6 月周叔弢与子女在北京中山公园来今雨轩合影

1985 年 5 月"十良"最后一次相聚

1960 年，孙鼎捐献了三十一件珍贵的历史文物，受到中华人民共和国文化部的褒奖。1979 年，遵照孙鼎遗愿，家人将其生前收藏文物两千零八件捐献给上海博物馆。其中有西周旅钟、楚公蒙钟等青铜器，战国至汉代的封泥，北宋应运元宝，历代经卷等，均属稀世珍品。

"人能笃实，自有辉光。"这种脚踏实地的精神不断影响着周家后辈。在这种潜移默化的影响下，周叔弢的子女均是爱书、读书、藏书之人，其子侄后辈也多是对古籍文物怀有热忱之人。

1981 年，周叔弢在其弟周季木的《陶盒泉拓》上题曰：

> 家弟季木好藏石刻，所得多当时出土不见著录之品……解放后，余率诸侄举藏石全部献之故宫博物院，物有所归亦家弟之遗志也。泉币非其所重，随得随散。大方先生尝语我云：季木所得古泉佳品极多，如不流散，可岿然成家。其重视如此。今承贲忱先生出示此册，有家弟匋盒小印，皆常见之物，当是仅存者。追念大方先生之言，不胜怅惘，因题数语于卷末云。 一九八一年九月，周叔弢记于天津，时年九十有一。

中华人民共和国成立后，周叔弢率季木之子，将季木所藏石刻全部捐给了故宫博物院，以了其爱国之志。

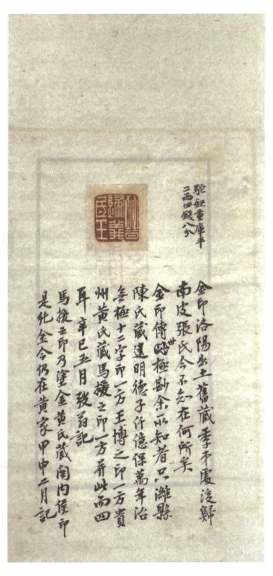

駞鈕重庫半
三兩四銖八分

金印洛陽出土舊藏季木廬沒歸
南皮張氏今不知在何所矣
金印傳世極勘余亦知著只濰縣
陳氏藏蓮明德子仵億保萬年治
叅極十三字印一方王博之印一方賞
州黃氏藏馬援之印一方羌此高四
年辛巳五月弢翁記
馬援之印乃濟金黃氏藏南内懷印
是牝金今仍在黃家甲申二月記

155

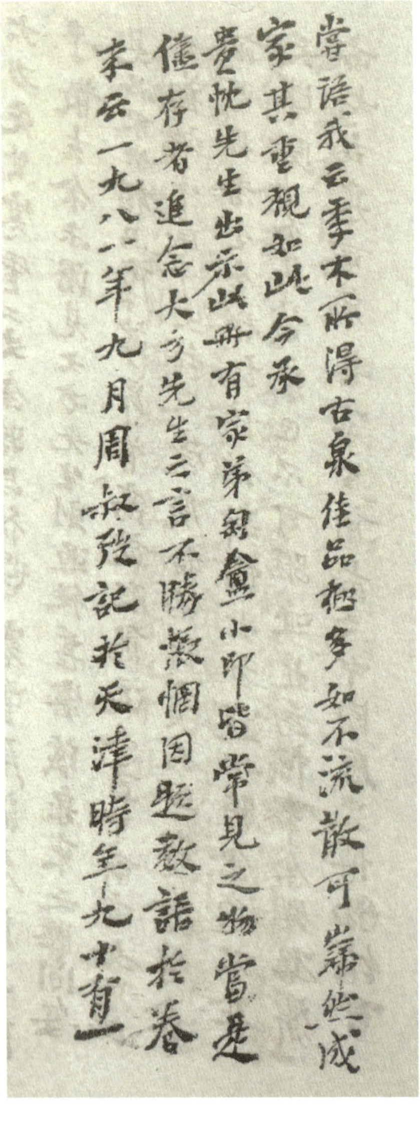

嘗語我云李木斫淂古泉佳品頗多如不流散可觀然成

家其重視如此今承

豐怡先生出乘此冊有蒙弟錦盫小即皆常見之物嘗是

僅存者追念大方先生云言不勝嘅慨因題數語於卷

末云一九八一年九月周叔弢記於天津時年九十有三

周叔弢题《陶斋泉拓》

家第季末好藏石刻所得多當時出土不見著錄之品
如秦石權漢居巢劉君墓頂鎮石及石羊漢朝懷小字碑一
魏皇女碑魏張威墓記晉石勒石室父子墓誌晉當利
里社碑等石皆為世所重所著居巢草堂漢晉石影凡
錄一百世餘品續得之石尚未辦入何謂富矣解放後余
宰諸輕拳藏石全部獻之故宮博物院物有所歸亦家
第之遺志也泉弊非其所重隨得隨散大方先生

百川终归海

在天津市河东区,有一座古槐参天、清净幽雅的寺院——荐福观音寺,它是由周馥周公祠旁的荐福庵异地重建而成。

当年周馥辞世后,在天津地区引起很大轰动。严修、李士珍、华世奎等人联名上书北洋政府为其建周公祠,并在祠旁加筑荐福庵,专为周公祠举办佛事。始建于1923年的荐福庵,至今已有百年历史,目前由天津佛教协会管理。

跟随祖父周馥多年的周叔弢,牢记祖父生前对咸丰年间闽浙总督王懿德的赞扬:"官声颇好,死后不留一钱与其子,后其子孙皆诚谨能自立。"周馥还说:"恨不能师其法,薄遗资产与尔等。若不能自食其力,转瞬即见贫困,坠入穷滥小人一流矣!"周叔弢继承家风,对自己的身后做了简略安排,他亲手写下遗嘱:

我平生无他长，只是不说假话，临终之时定能心地坦然，无愧于中。我死之后，千万不要发讣告，千万不要开追悼会，千万不要留骨灰盒，投之沧海，以饱鱼虾，勿为子孙累。

　　存款：五年定期壹万元，国库券壹万五千元，全数本息上交国家，在四化大海中添一滴水。

荐福观音寺

1981 年周叔弢九十岁寿诞留念

1984 年 2 月 14 日，周叔弢与世长辞。

2 月 29 日上午，遵照他生前遗愿，在政府专轮的护送下，周叔弢的骨灰撒进了渤海湾。承载后人追思与敬意的轮船，在他栖身的海域绕行三周，汽笛长鸣，以示悼念。

1991 年，在周叔弢诞辰一百周年之际，由任继愈亲笔题写展览标版，北京图书馆举办了盛大的"纪念周叔弢先生诞辰一百周年展览"，周一良、周珏良、周杲良、周景良等均到场。这一年，天津博物馆前身市艺术博物馆"纪念周叔弢先生诞辰一百周年展览"也拉开帷幕，以缅怀这位书林巨擘。

1991 年 6 月，在国家图书馆"纪念周叔弢先生诞辰一百周年展览"时所摄，右起：周一良、周珏良、冀淑英、周杲良、周景良

北京大学
PEKING UNIVERSITY

此梅泉诗人今觉盦诗卷四题自宋严堪勘方回
诗、末首、伍盧全称方伍盧乳废、趄文 Kharoṣṭhī
文书、清此著名藏多家黄荛圃亦曾发现伍盧
宋主人绘浮玉园、又绘祭书园、名人题者甚夥。
玫翁曾倩胡蔗园详赠先生绘祭书园、即诗中
所云、今犹存泽富也。东坡不由是旦以楂香观音
为寿诗云：「东坡持是青卵君、子由生于己卯
今觉盦引苏轼此兄典故以颂其兄弟、今予又
年、故云。玫翁东属兔、故梅泉诗人以此祝之
为果良五弟录此诗、三兄兄弟关系、亦趣事也。
今予良归国参加北京图书馆举办
一九九一年六月、吴良弟录此诗
之纪念周叔弢先生诞辰一百周年展览　一良写赠

周杲良回国参加"纪念周叔弢先生诞辰一百周年展览"，周一良写赠

163

HOW TO READ TIANJIN

GREAT TALENTS

后记

一座城市的文化名人、历史遗迹、自然风物，是城市生命的一部分。

天津拥有600多年的建城史，既有辉煌的历史，又有广阔的发展前景，是一座古老又年轻的城市。百年中国看天津，近代天津人才辈出、群星璀璨，对天津乃至中国影响深远。

"阅读天津·群星"汇集了十册天津历史上的前辈大师的传记——严复、梁启超、张伯苓、李叔同、周叔弢、杨石先、曹禺、陈省身、孙犁、马三立，他们在思想、教育、艺术、实业、科技、文学等不同领域，反映了天津城市精神的高度和深度。

当梁启超在饮冰室伏案疾书，笔毫轻柔，却策动轰轰烈烈的护国运动；当张伯苓在南开大学始业式上提出"爱国三问"，话语平实，却激荡全国学子自强图存的爱国情怀；当陈省身坐在轮椅上为本科生讲授微积分，满头银发，却思维敏锐地点拨着中国数学的未来人才；当马三立上台三两句话就引得众人捧腹大笑，轻声细语，却道出老百姓的喜怒哀乐和生活精髓……

165

　　"阅读天津"系列丛书的策划、创作、出版过程，凝结着众多关心热爱天津这座城市的人的心血。此前发布的"津渡"一辑以海河为切入点，让读者犹如乘舟顺水而下，遍览一部流动的城市史诗。"群星"一辑则是为十位大先生立传，也是为这座城市立传。他们在各自领域成就斐然，是天津精神的集中体现。讲述大先生的生活经历和思想轨迹，也是在讲述大先生之于当代人的意义——高山仰止，景行行止！

　　编辑出版"群星"的过程是我们对中华优秀传统文化进行通俗化阐释的一次尝试，旨在进一步突出天津这座城市鲜明独特的文化内涵，让更多的朋友再次发现天津的城市魅力，通过阅读天津，进一步认识天津、热爱天津。为了延续"津渡"一辑的热度，高质量出版"群星"小辑，我们约请了多位颇具创作实力的撰写者参与创作：赵白生、徐凤文、岳南、康蝈、于霄丹、韩石山、杨一丹、李扬、张国、张莉、马六甲。这些创作者中既有长期从事相关研究的学者，也有文采卓然的专业作家，还有传主的家属。各位作者从不同角度对十位大先生的人生经历进行了深入浅出的解读，通过对人物的挖掘，彰显了近现代天津独具风韵的人文精神。

最后，感谢中共天津市委宣传部为本书出版进行的谋划指导，帮助鼓励我们打造文化品牌，出版津版好书；感谢罗澍伟、谭汝为等专家学者为我们提供学术支持，修正内容细节；感谢"群星"的作者、设计师、摄影师以及每一位为本书出版付出努力的人。当然，最应该感谢的是我们的读者，正因有这些天津故事的阅读者、传播者，才有了天津文化的不竭源流。期待能够以书籍为桥梁，与广大读者一起领略"群星"闪耀的天津风采，共同见证这座古老而又年轻的城市在新的历史坐标上绽放光华。

"阅读天津"系列口袋书出版项目组

2023年11月